구석구석 우리문화 1
잃어버린 우리 문화재

구석구석 우리문화 1
잃어버린 우리 문화재

초판 1쇄 발행 | 2011년 3월 5일
초판 10쇄 발행 | 2024년 1월 5일

지은이 | 한미경
그린이 | 이창우
감수 | 이광표
펴낸이 | 조미현

책임편집 | 황정원
디자인 | 씨오디 Color of Dream

펴낸곳 | (주)현암사
등록일 | 1951년 12월 24일 · 제10-126호
주소 | 04029 서울시 마포구 동교로12안길 35
전화 | 02-365-5051
팩스 | 02-313-2729
전자우편 | child@hyeonamsa.com
홈페이지 | www.hyeonamsa.com
블로그 | blog.naver.com/hyeonamsa
인스타그램 | www.instagram.com/hyeonam_junior

ⓒ 한미경, 이창우 2011

ISBN 978-89-323-7291-4 73900

* 이 책은 저작권법에 따라 보호를 받는 저작물이므로 저작권자와 출판사의 허락 없이 이 책의 내용을 복제하거나 다른 용도로 쓸 수 없습니다.
* 책값은 뒤표지에 있습니다. 잘못된 책은 바꾸어 드립니다.
* 현암주니어는 (주)현암사의 아동 브랜드입니다.

KC	제품명 도서	전화 02-365-5051
	제조년월 2024년 1월	제조국명 대한민국
	제조자명 (주)현암사	사용연령 8세 이상
	주소 서울시 마포구 동교로12안길 35	

주의: 책 모서리에 부딪히거나 종이에 베이지 않도록 주의해 주세요.
• KC 마크는 이 제품이 공동안전기준에 적합하였음을 의미합니다.

구석구석 우리문화 1

잃어버린 우리 문화재

글·한미경 그림·이창우 감수·이광표

현암
주니어

차례

즐거운 상상, 잃어버린 문화재 돌아오다 • 6

1장 소원을 말해 봐! 수월관음도

뉴욕 경매 시장이 깜짝 놀란 그림 • 12
세계가 인정하다, 모나리자와 어깨를 나란히 • 14
위대한 고려 미술 역사 • 18
그림 속으로 • 20
그림에서 시대 읽기 • 26
아름다운 그림의 비밀 • 29

2장 꿈에 본 신선 나라, 몽유도원도

왕자님, 꿈을 꾸다 • 38
당대 최고의 화가, 안견 • 44
짝짝짝! 시로 그림을 칭찬하다 • 50
꿈 깨어지다 • 58
빌려 보는 몽유도원도 • 62

3장 살아 있는 글자로 찍은 책, 직지

세계에서 가장 오래된 금속 활자 책 · 68
똑바로 보아라, 직지 · 72
직지가 세상에 알려지기까지 · 77
살아 있는 금속 활자 만들기 · 81

4장 빛나는 별, 외규장각 문서

아무리 가난해도 책이 없는 집이 없다 · 88
먼지를 뒤집어쓰고 · 92
의궤는 곧 역사 · 98
규장각, 모든 답은 책에 있다 · 106

잃어버린 것을 되찾으려면 · 110

참고한 자료 · 117

> 머리말

즐거운 상상,
잃어버린 문화재 돌아오다

나라 밖에 있는 우리 문화재가 얼마나 많게? 무려 11만 6,896점이야. 2010년 9월까지 확인된 것이 그렇고 확인 못한 것까지 따지면 훨씬 더 많겠지. 어떤 것은 선물로 주었거나 돈을 받고 팔기도 했을 거야. 하지만 역사의 소용돌이 속에서 잃어버렸거나 빼앗긴 것들도 무척 많아. 우리나라만 그런 건 아니야. 세상에는 침략의 역사를 겪지 않은 나라가 거의 없으니까. 그 과정에서 잃어버리거나 빼앗긴 문화재가 얼마나 많은지 몰라.

　로마 교황청 광장에는 오벨리스크가 있어. 오벨리스크는 태양신을 상징하는 이집트의 유산이야. 세계 가톨릭 교회의 중심인 교황청 광장에 이집트 태양신의 상징이라니! 이 얼마나 어울리지 않는 일이야. 또 그리스 아테네 언덕에 있어야 할 파르테논 신전 벽화는 영국의 대영 박물관에 있고, 고대 이집트의 왕, 람세스 2세 동상은 이탈리아 토리노에 있어.

　우리 문화재도 마찬가지야. 일본, 영국, 미국, 프랑스, 독일, 지구촌 곳곳에 흩어져 있어. 세계 최고의 불교 그림으로 손꼽히는 고려의 그림은 우리나라보다 일본에 훨씬 많아. 심지어 중국 그림이라는 꼬리를 달기도 했어. 조선 왕실의 중요한 행사를 글과 그림으로 기록한 책, 의궤 수백 권은 먼지를 뒤집어쓴 채 프랑스 국립 도서관 창고에 있었어. 더러는 찢기고 더러는 곰팡이가 슨 채로 말이야.

　이런 문화재를 하나하나 살피다 보면 이들을 지키지 못한 게 안타깝기도 하고 속이 상하기도 해. 그러면서도 찬찬히 들여다보면 귀하고 멋지고 아름다운 문화재에 반해 버리고 말아. 그걸 물려준 조상들이 얼마나 자랑스럽게 느껴지는지 몰라.

　1866년, 프랑스 군대가 강화도에 쳐들어왔어. 강화도를 둘러본 그들은

무척 자존심이 상했다고 해. 조그만 나라에 책이 없는 집이 없더래. 아무리 가난한 집에서도 책 읽는 소리가 들리더래. 까막눈에 무식한 사람들이 살고 있었으면 우쭐했을 텐데 그게 아니었던 거야. 가난해 보이는 강화도 섬사람들도 먹물 냄새를 펄펄 풍기더란 말이지. 그래서 자존심이 상했다고 해.

문화에 관한 한 둘째가라면 서러워할 프랑스 사람들이 자존심 상할 정도로 우리 조상들은 문화 대국을 이루었어. 그런 조상들한테 우리는 수많은 문화재를 물려받았지. 그런데 그중에서 많은 것을 잃어버리고 빼앗겼어. 우리는 이제 안타까워 가슴을 쳐야 할까? 땅이 꺼지게 한숨을 쉬어야 할까?

그건 아닐 거야. 잃어버리고 빼앗긴 게 무언지, 어떻게 하면 찾아올 수 있는지, 그걸 고민해야 할 거야. 찾아오려면 그게 무언지 알아야 해. 나라 밖에 있어서 무언지 잘 몰랐던 보물, 곁에 없어 잘 돌보지 못했던 유산, 어쩌면 관심조차 없어서 귀한 건지도 몰랐던 문화재, 과연 그것은 무엇인지, 왜 세계가 부러워하는지, 이제부터 차근차근 살펴보자.

잃어버린 문화재는 하도 많아서 한꺼번에 살필 수가 없어. 그래서 여기에 네 가지를 가려 뽑았어. 사람들이 가장 궁금하다는 걸로. 이들을 살피며 가슴 치거나 한숨 쉬지 않았으면 해. 다만 상상을 해 보는 거야. 잃어버린 문화재가 우리 곁에 돌아온다는 즐거운 상상을 말이야. 그 상상이 이루어지도록 지금 많은 사람들이 땀 흘리고 있거든. 그러니 혹시 알아? 이 글을 읽을 즈음에는 많은 문화재가 우리 곁에 돌아와 있을지.

🌼 뉴욕 경매 시장이 깜짝 놀란 그림

　1991년, 미국에서 가장 큰 도시, 뉴욕이 술렁였어. 뉴욕의 큰 경매 시장, 소더비에 귀한 그림 한 점이 들어온 거야. 그림은 경매 시장의 꽃이야. 지구촌 사람들은 그림을 유난히 좋아하잖아.
　소더비 시장에는 멋지고 훌륭하고 값나가는 그림이 많이 들어와. 세계에서 가장 큰 경매 시장 중에 하나거든. 그래서 웬만한 그림으로는 사람들을 놀래기가 힘들어. 그런데 이번에는 모두 입이 딱 벌어졌어.

　"거 참 화려하네. 그림에서 빛이 다 나는걸."
　"저 은은함은 뭐지? 보석처럼 반짝이면서도 창문에 비친 달빛처럼 은은한 멋이라니!"
　"화려함과 은은함은 서로 반대인데 이 두 가지가 어떻게 한 그림에?"
　"칠백 년이 되었다는 게 믿기지 않을 정도로 색이 선명하니 기가 찰 노릇이군."
　"저 속눈썹 좀 봐. 세상에나, 눈에 보이지 않는 잔털까지 그려 넣었네. 저게 어찌 사람의 솜씨인가."
　"치마에 여러 무늬가 대단히 정교한데 복잡하거나 지저분하지 않고 조화롭도다. 참으로 아름답도다!"

　이토록 오묘하고 아름다운 그림은 바로 우리나라 고려 시대 그림,「수월관음도」였어.「수월관음도」는 수월관음을 그린 불교 그림이야.
　사람들은 이 굉장한 그림을 사려고 손을 번쩍번쩍 들었어. 자연히 그림

값이 올라갔지. 「수월관음도」는 결국 176만 달러라는 높은 값에 팔렸어. 당시 환율로 계산하면 우리 돈으로 14억 2천만 원이야. 그 당시 해외에서 팔린 우리 고미술품 중 최고로 높은 값이었지.

다음날엔 대한민국 전체가 술렁였어.

"'수월관음도'가 뭐라?"

"비싼 값에 팔린 걸 보니 무지 훌륭한 그림이지라?"

"워떤 이는 레오나르도 다빈치가 그린 '모나리자'만치로 훌륭한 그림이라는겨."

"칠백여 년이나 된 그림이면 물감이 떨어져 나갈 만도 한데 어떻게 온전하대?"

"우리나라 사람이 그린 멋진 그림을 그렸다니 자랑스럽데이."

"그나저나 우리 그림이 어드렇게 뉴욕까지 가게 되었는교?"

"고려 시대에 그린 '수월관음도'는 사십여 점이 남아 있다는데 나머지 그림들은 다 어디로 갔지비?"

궁금증은 끝이 없었어.

🌼 세계가 인정하다, 모나리자와 어깨를 나란히

중국 원나라에는 그림을 기막히게 잘 보는 탕후라는 이가 있었는데, 고려의 불교 그림을 두고 이런 말을 했대.

'섬세하고 화려함이 극에 달하여 아름답기 그지없다.'

이러니 원나라에서는 고려의 그림을 보내 달라는 부탁을 여러 번 했어. 고려가 원나라에 그림을 보냈다는 이야기가 역사책에 여러 번 나와.

원나라 이전, 송나라 때 이름을 날렸던 곽약허라는 그림 비평가도 고려의 그림 솜씨에 혀를 내둘렀어.

'기교와 정밀함에 있어서 다른 나라와 비교가 되지 않으니 고려 사람들은 그림에 특이한 재주가 있다.'

힘 있는 미국의 신문, 뉴욕타임즈도 「수월관음도」를 극찬했어.

'레오나르도 다빈치가 그린 '모나리자'와 비교해서 조금도 뒤지지 않는 훌륭한 그림이다.'

2003년에 미국에서 열린 미술 전시회에 「수월관음도」가 한 점 걸렸을 때 얘기야.

중국 비평가들이 고려 그림을 평가한 걸로 보나, 미국 신문이 쓴 걸로 보나 다른 나라에서 보는 고려의 그림은 가치가 대단해. 그런데 이렇게 세계가 인정할 때까지 우리는 고려 시대 그림이 그리 훌륭한 것인지 모르고 있었어. 바깥에서 사고파는 것을 지켜본 뒤에서야, 아, 우리 것이 저리 귀한 거였구나, 뒤늦게 깨달았지.

야마토 문화관 ⓒ 663highland

뉴욕 경매 시장에서 고려의 그림이 팔리기 십수 년 전에 일본의 역사 도시, 나라에서도 특별한 일이 있었어. 나라에 있는 일본 최고의 박물관 가운데 하나인 야마토 문화관에서 전시회가 열렸는데, 전시회 제목이 '고려 불화 특별전'이었어. '불화'는 불교 그림이야. 그때까지 일본에서 고려의 불교 그림에 관심을 두는 이는 거의 없었어. 그런데 특별 전시회를 연다니 사람들은 시큰둥했지.

"고려에 그림이랄 게 있었나?"

"그러게. 고려는 청자 말고는 이렇다 할 게 없는데."

"야마토 문화관이면 일본 최고의 박물관 가운데 하나인데 이번에는 어째 이름값이 걱정되는군."

그런데 막상 전시회가 열리자 일본에서는 난리가 났어. 대부분 중국 것으로 알려졌던 그림들이 고려의 이름을 달고 나온 거야. 이 전시회에는 고려의 불교 그림이 70여 점이나 있었어. 「수월관음도」도 여러 점 있었지.

"말도 안 돼. 저게 중국 그림이지 어디 고려 그림이야?"

일본에서 미술의 역사를 공부합네, 하는 사람들은 고개를 저었어.

"내 그림을 내려 주시오. 더 이상 전시를 하지 않겠소."

어떤 그림 주인은 전시 하루 만에 그림을 빼 갔어. 자기 그림이 고려의 것으로 알려지는 게 싫다는 거야.

"내 그림도 내려 주시오."

어떤 그림 주인은 전시 이틀 만에 그림을 빼 갔어. 자기 그림을 고려의 것으로 인정할 수 없다는 거야.

그런데 고려의 그림 앞에서 고개를 끄덕이는 서양인이 있었어.

"음, 역시 내가 생각하던 것과 같아. 저 그림들은 중국 것이 아니라 당

연히 고려의 그림이고말고. 안 그래도 그림을 갖고 있는 사찰이나 박물관에 편지를 쓰려고 했는데 이미 알고들 있었군."

그 사람은 아시아의 미술 역사를 연구하는 미국인 박사, 존 카터 코벨이었어.

코벨 박사는 일본의 미술을 공부하다가 무릎을 탁 쳤어.

"지금까지 내가 공부한 일본 미술의 뿌리는 바로 한국 미술이었구나!"

그 뒤로 코벨 박사는 한국 미술을 연구하게 되었지.

박사는 이동주 작가가 쓴 『일본 속의 한화』라는 책을 보고 일본 속의 한국 그림에 대해 관심을 갖게 되었다고 해. 박사한테는 아들이 있었는데, 이런 어머니의 영향을 받아 아들 역시 한국 미술에 대하여, 특히 고려 불교 그림에 대하여 연구했어.

코벨 박사 모자처럼 한국의 불교 미술에 대하여 관심을 갖고 있는 사람이 또 있었어. 일본 야마토 문화관의 관장, 이시자와 마사오야. 이시자와 관장은 여러 학예사와 함께 5년 동안 아시아의 불교 그림을 요리조리 살폈어. 그린 내용은 물론 색감과 그림에 나오는 무늬까지 꼼꼼하게 말이야. 그 결과 일본에 있는 아름다운 그림 수십 점이 고려의 것이라는 걸 알게 됐어. 그리고 그것을 숨기지 않고 고려 불화 특별전에서 세상에 알린 거야.

우리 그림을 찾아 일본을 바쁘게 돌아다닌 이동주 작가, 대를 이어 고려의 그림을 연구한 코벨 박사 모자, 또 일본 미술계가 반발할 것을 뻔히 알면서도 고려 그림을 꾸준히 연구하고 알린 야마토 문화관의 이시자와 관장의 노력이 없었다면 고려의 미술 역사는 어둠 속에 묻혔을지도 몰라.

❀ 위대한 고려 미술 역사

    많은 학자들이 추적해 보니 현재 남아 있는 고려의 불교 그림은 170여 점이라고 해. 그런데 우리나라에 남아 있는 것은 달랑 십수 점뿐이야. 120여 점은 일본의 것이 되었고, 나머지는 세계 여러 나라에 흩어져 있어. 그나마 다행인 것은 그동안 사라졌던 470년 동안의 고려 미술의 역사가 밝혀졌다는 거야. 그동안 우리나라 예술의 역사에서 고려 시대는 많이 밝혀지지 않았거든. 하지만 이제 고려청자와 더불어 고려를 대표하는 뛰어난 미술 작품은 「수월관음도」라고 말할 수 있어. 이게 밝혀진 게 불과 몇십 년밖에 안 돼.

    고려의 「수월관음도」는 현재 전 세계에 40여 점 남아 있어. 조선 시대의 「수월관음도」는 우리나라에도 몇 점 있지만 고려의 것은 거의 남지 않았어. 다행히 우리 것을 찾으려는 우리나라 박물관들이 몇 점을 도로 사 왔어. 삼성 미술관 리움, 우학 문화 재단, 아모레퍼시픽 미술관, 호림 박물관 같은 곳에서 경매 시장을 통하거나 개인을 직접 만나 사들인 거야. 뉴욕의 경매 시장에서 팔린 값처럼 비싼 돈을 주고 말이지.

    이제는 레오나르도 다빈치의 「모나리자」보다 고려의 「수월관음도」가 더 뛰어난 그림이라고 말하는 미술 평론가도 있어. 하지만 「모나리자」를 모르는 사람은 거의 없는데 반해 「수월관음도」를 아는 이는 많지 않아. 우리가 「수월관음도」를 모른다면 그림의 주인이 되기 어려울지도 몰라. 백 년, 천 년이 흐른다 해도 말이야. 세계가 인정하는 우리 그림을 우리가 알지 못하고 즐기지 않는다면 뭔가 이상하지 않겠어?

루브르 박물관에 따로 전시실을 만들어 애지중지 아끼는 「모나리자」, 이와 어깨를 나란히 하는 고려의 「수월관음도」의 힘은 무얼까? 사람들은 왜 「수월관음도」를 높이 보는 것일까?

그 힘이 무엇인지 이제 그림 속으로 들어가 꼼꼼히 살펴보자.

수월관음도 (보물 제1426호, 14세기 중엽, 106.0×55.0(cm), 아모레퍼시픽 미술관 소장)

❀ 그림 속으로

수월관음도 (서구방 그림, 1323년, 165.5×101.5(cm), 일본 센오쿠하쿠코칸 소장)

한 사람이 앉아 있어. 눈을 살짝 내려뜨고 한쪽으로 약간 비껴 앉았는데 몸집이 넉넉하고 마음도 따뜻해 보여. 무슨 말을 하여도 괜찮다고 할 것 같아. 소원을 말하면 어쩐지 들어줄 것 같고, 몸이 아플 때 찾아가면 한 번 손길에 스르륵 나을 것도 같아.

이렇게 기대고 싶은 분은 수월관음이야. 수월이란 '물(水)'과 '달(月)', 관음이란 '관세음보살'을 줄인 말이야. 관음보살은 불교가 나라의 종교였던 고려 때 사람들이 가장 좋아한 분이지. 소원을 들어주고 아픈 사람을 고쳐 준다는 자비로운 보살이거든.

사람들이 좋아해서 그런지 관음보살은 아바타가 많아. 무려 33종류의 관음보살이 있어. 손이 천 개, 눈이 천 개인 천수천안관음보살도 있고, 얼굴이 11개인 십일면관음보살도 있지.

그림 속 수월관음의 머리 뒤를 봐. 마치 달처럼 빛이 둥글게 모여 있어. 아래쪽에는 물이 흐르고 있지. 물에서는 물보라가 신비스럽게 피어오르고, 물 가장자리에는 산호, 칠보 같은 온갖 보석과 빛이 뻗어 나와.

수월관음은 관음보살 중에서도 물과 달과 함께 나오는 보살이야. 고려 시대 때 이규보라고 글을 기막히게 쓰는 사람이 있었는데, 수월관음을 보고 이렇게 읊었다고 해.

'그 깨끗함이 마치 달이 물에 비친 듯하다.'

물 건너에는 어린아이처럼 보이는 작은 동자가 있어. 동자의 이름은 선재야. 선재동자[1]는 관음보살에게 무언가를 바라는 것처럼 무릎을 꿇고 두

---

1) **선재동자** : 불교 경전 중 하나인 『화엄경』에 나오는 동자야. 『화엄경』은 석가모니가 깨달은 내용을 그대로 기록한 경전으로 수십 권이 되는데, 맨 뒤에 선재동자가 나와. 선재동자는 진리를 찾아 길을 떠나는데, 53명의 스승을 만나 결국은 깨달음의 진리를 얻게 되지. 이 부분을 따로 책으로 묶어 『화엄경 입법계품』이라고 해. 그러니까 「수월관음도」는 입법계품에 나오는 것처럼 선재동자가 수월관음을 만나는 장면을 그린 거야.

손을 모으고 있어. 어디가 아파서 낫게 해 달라고 비는 걸까? 무슨 소원이 있어서 비는 걸까?

선재동자는 깨달음을 얻기 위해 길을 떠났어. 깨달음을 얻기까지 선재동자는 모두 53명의 스승을 만나게 되는데, 그중 한 분이 바로 관음보살이야. 선재동자는 관음보살을 만나 얼굴이 행복해 보여.

수월관음은 머리에 관을 쓰고 있어. 관은 온갖 보물로 장식되어 있어. 목걸이, 팔찌 장식도 엄청나게 화려해. 그도 그럴 것이 금 물감을 썼거든. 순금 물감 말이야. 그래서 번쩍번쩍 눈이 부셔.

머리에 걸친 투명한 비단 너울은 발끝까지 늘어뜨렸어. 바람이 불면 날아갈 것 같아. 투명 비단에는 무늬까지 새겨 넣었어. 다이아몬드 모양 무

늬가 바탕에 있고, 그 위로 동그라미 모양 무늬가 규칙적으로 나와. 그 안에는 금가루 물감으로 꽃무늬, 덩굴무늬를 그려 넣었어. 이 모든 것이 복잡하거나 지저분하지 않고 얼마나 조화로운지.

수월관음은 너울 안쪽에 발목까지 내려오는 붉은 치마를 입었어. 700년이 지났는데도 붉은색이 아직도 선명해. 치마 윗부분 허리띠에는 국화 무늬, 식물의 잎사귀 무늬를 조금씩 바꾸어 다양하고 화려하게 그렸어.

치마 장식도 말도 못하게 화려해. 봉황새처럼 보이는 새가 날개를 활짝 편 무늬, 거북이 등껍질 무늬, 그 안에 또 국화 무늬, 마주 보고 있는 한 쌍의 연꽃무늬, 덩굴무늬, 새의 깃털 무늬, 구름무늬, 이 모든 무늬가 매우 세밀하고 아름다워. 구름에는 머리와 꼬리가 있어서 마치 날아가는 것 같아. 치마 밑단은 풀 먹인 모시처럼 빳빳해 보여. 이 화려한 치마 밑으로 드러난 발은 맨발인데, 한쪽 발은 무릎 위에 올리고 한쪽 발은 연꽃을 딛고 있어. 한쪽 발을 올리면 옷감에는 주름이 더 많아지고 무늬는 더 복잡해지게 마련이야. 그런데도 너무나 자연스러워.

그림 한쪽에는 대나무가 길게 두 그루 서 있고, 다른 한쪽에는 길쭉한 정병에 버드나무 가지를 꽂아 두었어. 그 이유가 무얼까? 우리 조상들은 예로부터 버드나무가 병을 물리치고[2] 세상을 깨끗하게 만든다고 여겼기 때문이야. 버드나무가 꽂힌 정병은 박물관에서 한번쯤 봤음직한 고려 시

---

2) 버드나무가 병을 물리친다고 여긴 게 아주 틀리지는 않은 것이, 버드나무 껍질은 아스피린의 원료야. 아스피린은 열이 나고 몸이 아플 때 먹는 알약이잖아. 특히 우리나라에서 자란 버드나무가 세계 어느 나라에서 자란 버드나무보다 아스피린의 원료가 되는 성분, 살리실산을 많이 뽑을 수 있다고 해. 관음보살은 아픈 사람을 고쳐 주니까 병을 물리치는 상징으로 버드나무를 함께 그린 거야. 「수월관음도」에 항상 버드나무가 나오니까 '버드나무 양(楊)', '버드나무 유(柳)' 자를 써서 '양유관음도'라고 부르기도 했어.

대 청동정병을 닮았어. 정병은 금빛 바위 위에 놓여 있어. 그 정병을 받치고 있는 그릇도 투명한 유리야. 투명한 옷감과 투명한 그릇을 자유롭게 표현하는 건 아무나 흉내 낼 수 없는 높은 기술이지.

수월관음은 금으로 칠한 화려한 금강 바위 위에 앉아 있어. 금강 바위는 인도의 보타락가 산 꼭대기에 있는 바위야. 우리나라 동해에는 낙산이 있는데 사람들은 낙산을 보타락가 산이라고 믿었어. 선재동자가 나오는 『화엄경』의 '입법계품'에 보타락가 산은 바다에 접해 있는 아름다운 곳이라 쓰여 있거든. 동해 바다를 끼고 있는 아름다운 낙산이야말로 수월관음께서 계실 법한 곳이라고 생각한 거지. 그리고 보타락가 산이 락가 산으로, 이것이 다시 낙산으로 발음되었다고도 하고 말야. 그래서 낙산에는 관음보살을 모시는 낙산사라는 절이 있어. 고려 시대의 큰스님, 의상대사가 관음보살을 만나 여의주와 수정 구슬로 된 염주를 받았다는 곳이야.

이 그림은 서구방이라는 화가가 그렸어. 그림의 키는 165.5센티미터니까 여자 어른만 해. 그림 왼쪽 끝에 1323년에 그렸다고 표시돼 있어. 사람들은 이 그림에 엄지손가락을 치켜세워. 지구촌의 「수월관음도」 중에서 고려의 「수월관음도」를 최고로 치며, 고려의 「수월관음도」 중에서는 서구방이 그린 그림을 최고로 꼽는 거야.

「수월관음도」는 대개 서구방이 그린 것과 비슷한 크기가 많지만, 일본 가가미진자(鏡神社)에는 4미터가 넘는 커다란 그림(26쪽의 그림 참고)도 있어. 고려 화가 최고의 벼슬인 내반종사[3] 김우문이 다른 세 사람과 함께

---

3) **내반종사** : 고려 때 종9품의 벼슬자리야. 왕이 사용하는 붓, 벼루, 먹을 대고, 궁궐 정원을 관리하며, 임금의 명령을 전달하던 '내알사'라는 기관에 있던 자리지. 비록 벼슬은 높지 않아도 임금님을 가까이서 모실 수 있고, 4명의 자리만 있었기 때문에 올라가기 어려운 자리였을 것으로 여겨.

그렸는데, 이 또한 세계가 인정하는 빼어난 작품이야. 사실 뉴욕타임즈가 「모나리자」와 어깨를 나란히 하는 그림이라고 한 게 바로 이 그림이야.

수월관음을 그린 그림은 여럿인데, 어떤 것은 앉은 방향이 다르기도 하고, 어떤 것은 선재동자가 반대쪽에 있기도 해. 수월관음을 커다란 물방울 안에 그린 그림도 있어. 혜허 스님이 그린 것인데, 녹색으로 칠한 신비로운 물방울 안에 서 있는 수월관음을 그린 독특한 구도여서 '물방울 수월관음도'라고도 불리며, 이 그림 또한 높은 평가를 받아.

그림마다 조금씩 차이가 있지만, 고려의 「수월관음도」는 하나같이 화려하면서도 은은하고, 세밀하고 섬세하며, 조화롭고 아름다워. 이런 예술적인 가치뿐만 아니라, 「수월관음도」는 현재의 우리에게 당시의 문화적인 배경을 알려 주는 역사책이기도 해.

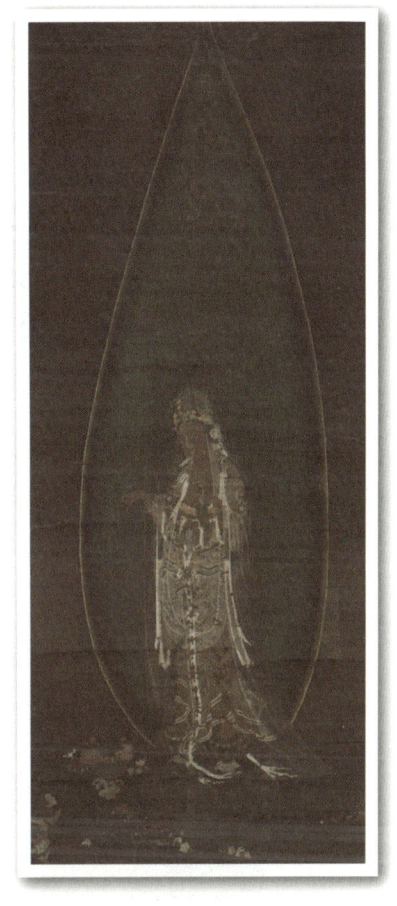

수월관음도 (혜허 그림, 1300년경, 142.0×61.5(cm), 일본 센소지(淺草寺) 소장)

❀ 그림에서 시대 읽기

수월관음도 (김우문 외 그림, 1310년, 419.5×254.2(cm), 일본 가가미진자에서 소장하다가 현재는 사가현 현립 박물관에 소장)

그림을 보는 달인들은 고려 불교 그림을 보고 당시 옷감 짜는 기술을 추측할 수 있다고 해. 중국이나 일본에서는 너비가 40센티미터 정도밖에 안 되는 바탕천을 옆으로 붙여서 그림을 그렸어. 그러나 고려에서는 그 10배나 되는 넓은 그림에도 천을 붙인 흔적이 없는 거야. 넓디넓은 비단을 짜는 기술이 있었다는 얘기지. 또 머리에 쓴 투명한 비단 너울은 오직 고려의 그림에만 나오는 거야. 투명한 비단은 단순히 물감을 옅게 칠한 게 아니라 비단실을 엮듯이 한 올 한 올 그려 넣었어.

실제로 고려 때 투명 비단을 사용했다는 증거도 있어. 충남 예산 수덕사 박물관인 근역성보관에는 고려 때의 투명 비단이 유물로 남아 있지. 사람의 손이 얼마나 정교하고 아름다운 옷감을 만들 수 있는지 보여 주는 유물이야. 옷감을 연구하는 사람들이 최신식 기계를 가지고 고려의 투명 비단을 흉내 내려고 애썼지만 감히 따라갈 수 없었어.

그림에서 당시 사람들의 모습을 추측하기도 해. 수월관음 앞에서 손을 모으고 있는 선재동자를 봐. 머리 모양이 특이해. 머리 앞부분만 남기고 나머지는 다 깎았어. 앞부분의 머리는 붉은색 리본으로 묶었어. 리본 끝에는 수정과 같은 보석 3개를 달아서 장식도 했지. 선재동자 앞머리를 5부분으로 나누어 묶은 그림도 있어. 이 특이한 머리 모양은 아마도 원나라의 영향을 받았을 거야. 당시는 원나라가 고려를 힘으로 누르고 있었거든.

선재동자는 금빛 목걸이를 하고

금빛 옷도 입었어. 이 때문에 그림의 역사를 연구하는 사람들은 고려 시대 사람들이 화려한 옷을 입을 수 있을 정도로 여유가 있었다고 추측하기도 해. 그림에까지 금을 쓴 것을 보면 화려한 귀족 문화가 발달했다는 것도 알 수 있어.

그런데 일본 교토의 다이토쿠지(大德寺)에 있는 「수월관음도」에는 선재동자가 오른쪽으로 밀려나고 원래 선재동자 자리인 왼쪽에 다른 사람들이 그려져 있어. 금촛대를 수월관음에게 바치며 무언가를 간절히 비는 왕이 있고, 왕을 둘러싼 궁인도 여럿이 나와. 왜 이렇게 달라졌을까?

🌼 아름다운 그림의 비밀

한번 상상해 봐. 멋진 그림 속에 그 시대를 잘 녹여낸 세계 최고의 화가, 서구방이나 김우문을 말이야.

둘째 왕비께서 부르셔. 둘째 왕비를 만나지 않아도 무슨 말씀을 하실지 알아. 아마도 그림을 그리라고 명하실 거야. 둘째 왕비께서 소원이 있으신가 봐. 아니면 누가 편찮으시거나. 둘째 왕비께 절을 하니 걱정이 가득한 얼굴로 말씀하셔.

"내반종사, 지금 첫째 왕비께서 병이 나셨소. 꼭 나으셔야 하니 내반종사가 정성껏 그림을 그려 주시오. 병을 낫게 해 주시는 수월관음 말이오. 그림에 들어가는 금은 얼마든지 써도 좋소. 부디 정성을 들여 그려 주시오. 전하께서도 수월관음께 금촛대를 바치려고 하실 정도로 간절히 바라고 계신다오."

둘째 왕비께서는 비단과 금을 내려 주셨어.

이제 화가는 해와 달과 별의 움직임을 살펴 우주의 기운이 가장 깨끗한 시간에 목욕을 해. 깨끗한 몸과 마음으로 기도를 하고 나서 비단을 준비해. 비단은 그림 그릴 크기에 알맞게 잘라 내. 한 치도 흐트러지지 않게 똑바로 잘라야 하니까 자를 곳에 올을 두 가닥 빼내. 그 줄대로 자르면 실수가 없어.

이제는 비단을 판판하게 틀에 매. 비단보다 크게 나무틀을 짜서 실로 비단을 틀에 엮으면 돼. 비단을 반듯하게 엮은 다음에는 비단 앞뒤에 갖풀[4]을 칠해. 갖풀은 물과 섞이면 거의 30배로 늘었다가 물기가 마르면서 물감을 꽉 잡아. 마치 게의 집게발처럼 말이지. 그래서 오래되어도 물감이 떨어지지 않아. 원래 비단에 그린 그림은 500년 정도 가. 하지만 이렇게 준비하면 더 오래갈 거라고 믿어. 장담은 못하지만 구기거나 짓이기지 않으면 천 년도 더 갈 거야.

갖풀과 함께 백반[5]도 필요해. 봉숭아물을 들일 때처럼 백반을 넣으면 색이 곱고 비단에 잘 칠해져. 물 250에 갖풀과 백반을 각각 5와 1의 비율로 섞어 풀물[6]을 만들어. 그리고 고운 천에 걸러서 찌꺼기를 없애. 이런 풀물을 만드는 데도 며칠이 걸려. 풀물을 잘 걸렀으면 비단에 바탕칠을 시작해. 풀물을

---

4) 갖풀 : 옛날에 그림을 그릴 때는 여러 가지 풀을 썼어. 보통 동물의 가죽이나 뼈를 오래 고아 졸여서 만드는 갖풀을 썼어. 물고기의 부레로 부레풀을 만들기도 했지. 이런 풀들은 뜨겁게 하면 물 같아 보이지만 차갑게 하면 딱딱하게 굳어. 물에 담그면 수십 배로 부풀고 끈끈해져서 접착제로 써. 나무로 지은 건물을 장식하고 보호하는 단청이나 그림을 그릴 때 반드시 들어가는 재료야.

5) 백반 : 백반은 깔깔해서 붓이 미끄러지지 않게 도와주고, 갖풀이 움직이는 것도 잡아 줘. 벌레도 막아 주고, 공기에 있는 산소 때문에 그림이 상하는 것도 막아 줘. 그래서 그림을 오래 보관하기 좋아.

6) 풀물 : 아교와 백반을 섞은 물이야. 교반수라고도 불러. 아교에서 '교'를 따오고, 백반에서 '반'을 딴 거야.

붓에 적시어 물물이 흘러내리지 않을 정도로 훑어 내고 붓을 세워 칠해. 한 번 칠한 비단은 바람이 잘 통하는 그늘에 눕혀 충분히 말려야 해. 이렇게 앞 뒤를 각각 3번씩 칠해.

뒤에는 왜 칠하느냐고? 그게 바로 멋진 그림을 만드는 비밀이야. 뒤에도 그림을 그리려는 거야. 그러면 앞에서 볼 때 은은한 맛이 나고, 앞에 조금만 칠해도 선명하게 색이 살아나거든. 그림을 다 그린 뒤에 그림틀에 넣으면 뒷부분에 비단을 덧대기 때문에 물감이 떨어져 나가는 것도 막을 수 있어.

둘째 왕비님께서 주신 금가루 말고도 몇 가지 물감이 필요해.

가장 많이 쓰는 것은 녹색, 청색, 붉은색이야.

녹색 물감은 쪽이나 녹색 돌에서,

청색 물감은 청색 돌에서,

붉은색 물감은 붉은색 돌에서 만들지.

붉은색은 산이나 들에 자라는 덩굴식물, 꼭두서니(천근)의 뿌리로 만들기도 하고 잇꽃으로 만들기도 해. 선인장에 얹혀사는 수컷 기생충한테서 얻기도 해.

이것 말고도 흰색과 노란색 물감이 필요해.

흰색 물감은 흙에서 얻거나 굴, 대합조개 껍질을 구워서 보드랍게 가루를 내어 쓰기도 해.

노란 물감은 노란 흙이나 치자, 해등나무 수액에서 얻어.

자, 준비가 다 됐어. 이제부터는 진짜 그림을 그리는 거야. 붓끝에 정성을 가득 모아 한 필 한 필 그려 나가야 해. 시간이 얼마나 걸릴지 몰라. 그건 사람의 뜻이 아니라 하늘의 뜻이야. 앞뒤로 수십 번씩 칠해야 하는 곳도 있는데, 먼저 칠한 게 말라야 다음 칠을 할 수 있거든. 다른 궁정 화가들과 함께 그리면 더 빨리 그릴 수 있어.

물감은 중간색을 쓰지 않고, 이들 물감을 섞지도 않아. 몇 번이고 덧바르는 식으로 써. 그러면 어떤 색은 감추어지고, 어떤 색은 은은해지며, 어떤 색은 강조되어 맑고 은은하면서도 동시에 선명한 색을 얻을 수 있지.

궁정 화가는 「수월관음도」를 그리는 데 모두 달인이지만 그래도 늘 조심해야 해. 갖풀을 물에 불릴 때 물을 얼마만큼 넣을지도 조심해야 하고, 물에 불린 갖풀을 물감에 섞을 때도 조심해야 하고. 특히 붉은색 물감을 쓸 때는 입자가 곱고 가벼워 위에 뜬 것이 색이 밝으며, 아래 가라앉은 물감은 어둡기 때문에 잘 골라서 써야 하고. 녹색과 청색 물감은 빛깔이 나는 돌을 갈아서 입자가 굵은 것과 고운 것을 걸러 내어 원하는 색을 찾아 써야 해.

우선 비단 뒷면에 색을 칠해. 그래야 자연스러우면서도 선명하고, 깊이가 있으면서 부드러운 그림을 그릴 수 있지. 풀물도 물감을 잡아 주는 역할을 하지만, 오랜 세월 동안 그림을 보존하려면 비단 뒤에 물감을 칠하는 방법을 꼭 지켜야 해.

둘째 왕비님께서 내려 주신 금가루는 아주 조심해서 써야 해. 큰 접시에 금가루를 올리고 갖풀 두 방울을 떨어뜨려 집게손가락으로 잘 문질러. 그다음 따뜻한 물을 살짝 붓고 뜨겁게 덥혀 물이 날아가게 둬. 또다시 갖풀을 두세 방울 넣고 개. 이런 과정을 몇 번 하면 금색이 더욱 반짝이고 고와. 금 물감으로 금선을 그을 때나 면을 칠할 때 머뭇거리면 안 돼. 힘을 잘 조절하여 고르게 칠해야 하지. 특히 봉황의 깃털을 그릴 때는 숨도 참고 그려야 해.

임금님께서도 걱정을 하신다니 임금님도 그려야겠어. 사실 첫째 왕비님은 원나라에서 오셨으니 병이 날 만도 해. 임금님께서 금촛대를 수월관음께 직접 바치는 그림을 보면 원나라에서도 서운치는 않을 거야. 그러니 보통 왼쪽에 그리던 선재동자를 오른쪽으로 밀고, 그 자리에 임금님을 그려 넣는 거야. 임금님은 수월관음께 금촛대를 바치시고, 주위에는 임금님을 따라온 궁인도 몇 그려 넣고.

이렇게 해서 멋진 「수월관음도」가 태어났어. 그러나 안타깝게도 첫째 왕비님은 그림이 완성되기 전에 돌아가셨어. 다만 그림은 오래오래 남아 천 년 뒤에도 즐길 수 있을 거야.

전문가들은 이 그림이 고려 충숙왕 때 그려진 것 같다고 말해. 당시 충숙왕에게 시집 온 원나라 공주가 아팠기 때문이야. 그러나 실제로 누가 그림을 부탁했는지는 몰라. 「수월관음도」에 따라 어떤 것은 왕비가 부탁했다는 글이 적힌 것도 있어. 이 그림에는 그런 글이 없지만, 혹시 왕비가 부탁한 건 아닐까 헤아려 본 거야.

수월관음도 (13~14세기 추정, 227.9×125.8(cm), 일본 다이토쿠지 소장)

지금 이 그림은 일본 교토에 있는 다이토쿠지에 보관되어 있어. 어떻게 그곳까지 가게 되었는지는 몰라. 조선 왕조가 세워지면서 잃어버렸는지, 임진왜란 중에 빼앗겼는지, 일제 강점기 때 빼앗겼는지 알 수 없어. 아니면 누가 선물로 줬는지도 모르고.

이렇게 고려의 그림은 화려하고 섬세하고 아름다워. 「수월관음도」뿐만 아니라 다른 불교 그림도 마찬가지야. 이에 반해 조선의 그림은 또 다른 멋이 있어. 낭비라고는 할 줄 모르는 선비와도 같이 소박하고 검소한 멋이지. 그러나 정신만은 자유로워서 마치 신선을 불러내는 듯했어.

2장

꿈에 본 신선 나라, 몽유도원도

❋ 왕자님, 꿈을 꾸다

신선이 사는 나라를 본 적이 있어?

늘 향기로운 꽃이 피고 맛있는 과일이 넘친다지? 어느 나무꾼이 갔다가 도끼 자루 썩는 줄도 몰랐다잖아. 눈 한 번 깜빡하는데 삼천 년이 지난다는걸.

옛이야기 속에서나 들어 봤지 본 사람은 없을 거야. 중국 진나라 때 무릉에 살던 어부 빼고는. 무릉의 어부는 복숭아 꽃잎 날리는 곳을 따라 배를 저어 갔다지? 그랬더니 도원이었다나? 도원이라. 말 그대로 하면 복숭아밭인데, 이게 사실은 별천지라. 신선이 사는 나라가 바로 도원인 거야.

상상 속에나 있음직한 도원을 실제로 볼 수 있게 해 주는 그림이 있어. 조선 최고의 화가, 안견이 그린 「몽유도원도」야. 이 그림을 본 당대 최고

의 시인들은 그 느낌을 시로 썼어. 무려 23편이나 돼. 이 시문이 그림과 함께 두루마리로 엮여 있어. 20미터도 넘는 긴 두루마리지.

시와 그림이 한데 어우러진 것도 멋진데 시를 쓴 글씨도 굉장해. 당시에는 글씨도 중요한 예술 분야였어. 이렇게 시와 글과 그림이 함께 있는 「몽유도원도」 두루마리는 최고의 예술 작품이야.

「몽유도원도」 두루마리가 세상에 태어나게 된 것은 어느 왕자님 덕이야. 신선 나라를 꿈꾸신 분이지. 그 왕자님은 조선 왕조 세종 대왕의 셋째 아

드님, 용 왕자님이셔. 10살 때 안평대군이란 이름을 받으셨지. 이 왕자님 얘기 한번 들어 봐.

어느 봄밤, 잠자리에 들었다네. 곧이어 꿈을 꾸었지. 꿈속에서 친하게 지내는 집현전 학자, 박팽년과 함께 있었다네. 둘이서 말을 타고 어떤 산 아래까지 갔는데 깊숙한 골짜기가 나오던걸. 그 골짜기에는 복숭아나무가 수십 그루 피어 있는 게 얼마나 우람하고 아스라하던지. 복숭아나무 사이에는 오솔길이 나 있었어. 오솔길을 지나니 숲이 나왔다네. 어디로 가야 할지 몰라 갈팡질팡하는데 어떤 사람이 나타나 머리를 숙였지.

"이 길을 따라 북쪽 골짝으로 가면 바로 도원입니다."

그 말대로 찾아갔더니 산벼랑과 돌길이 그지없이 아름답고 나무는 또 어찌나 울창하던지. 시냇물이 굽이치고, 길은 휘돌아 백 번이나 꺾이는 게 눈이 정말 황홀했다네. 뱀처럼 휘어진 마지막 골짝을 돌아서니 마을이 나와. 사방에는 산이 바람벽처럼 우뚝 솟아 있고 구름과 안개가 자욱하게 깔렸는데 온통 복숭아 숲이라. 그 붉은 꽃 빛깔이 하늘에 비치어 노을마저 붉게 피어나는 경치라니.

땅에는 대나무 숲과 초가집이 있는데 싸리문은 반쯤 닫혀 있고, 흙담은 무너진 채로 있어. 앞에 있는 시냇물에는 조각배가 물결 따라 하느작거려. 진실로 도원이 있다면 바로 이런 거겠지. 같이 간 박팽년에게 말했다네.

"바위를 걸치고 골짝을 뚫어 집을 짓다니, 이게 바로 신선 마을이 아니고 무엇이랴?"

옆에는 어느새 최항과 신숙주도 함께 있었지. 우리는 서로가 짚신감발¹⁾을 하고 오르락내리락 오랫동안 돌아보았지. 마음껏 구경을 하다가 문득 꿈에서 깨었다네.

왕자님은 이렇게 꿈 얘기를 맺으셨어. 그런데 꿈 얘기 뒤에 이런 글도 덧붙이셨어.

---

1) **짚신감발** : 짚신을 신고 발감개를 한 모양새를 말해. 감발은 발감개인데, 버선이나 양말 대신 붕대처럼 생긴 좁고 긴 천이야. 감발을 발에 감고 짚신을 신으면 오래 걸을 수 있어. 짚신감발에서 짚신의 '신', 감발의 '발'을 따 신발이란 말이 나왔어.

이렇게 깊숙한 골짜기와 끊은 듯한 낭떠러지에는 누가 사는가? 바로 그윽한 곳에 숨어 사는 사람들이 산다네. 몸에 울긋불긋 화려한 옷을 걸치는 높은 사람들은 이런 숲에 올 수 없다네. 화려하고 유명한 벼슬아치들은 번화하고 큰 도읍에서 노닐어야지.

바위 위로 흐르는 물을 보며 마음을 닦아 나가는 사람은 솟을대문, 넓은 집은 꿈에도 생각하지 않지. 이는 고요함과 시끄러움이 길을 달리하는 까닭이라네.

꿈이란 낮에 한 일을 꾸는 거라는데 어찌된 것인가. 궁궐에서 살며 궁궐에서 일하는 내가 어찌하여 산속 꿈을 꾸었을까? 생각해 보니 원래 그윽한 것을 좋아하고 산수 자연을 즐기니 그럴 것이라.

꿈꾼 걸 가지고 왕자님은 왜 이런 설명까지 하셨을까?

왕자님이 꿈을 꾼 건 음력으로 1447년 4월 20일이야. 세종 대왕이 임금이 되신 지 29년째며, 훈민정음을 완성하여 온 백성에게 알리신 다음 해지. 쉬지 않고 연구를 하신 세종 대왕은 이때 몸이 많이 편찮으셨어. 눈병에 부스럼에 목마른 병까지 생겼지. 나중에 문종 임금이 되실 세자도 몸이 약했어. 세종 대왕보다 세자가 먼저 세상을 뜰까 봐 걱정할 정도였다니까. 세자한테는 아들(단종)이 하나 있었는데, 세손 역시 몸이 약했지. 나이도 어려 이제 겨우 7살이었어.

세종 대왕은 근심이 많으셨을 거야. 세자와 손자는 몸이 약한데 그들 곁에는 건강하고 똑똑한 왕자들이 열다섯[2]이나 있었으니까. 이 왕자들이

---

[2] 세종 대왕은 18명의 왕자와 4명의 공주를 두었는데, 그 가운데 왕자 2명과 공주 1명이 일찍 세상을 떠났어. 그러니 단종한테는 아버지인 문종을 빼면 삼촌이 15명이지.

왕 자리에 욕심을 낸다면 형제 사이에 싸움이 날 수도 있고, 어린 조카를 위험에 빠뜨릴 수도 있잖아. 안평대군도 아버지의 근심을 알고 있었겠지. 그래서 이렇게 말하고 싶었던 건 아닐까?

'저는 왕 자리에 욕심이 없답니다. 화려한 옷을 입고 번잡한 도읍에서 사는 것을 좋아하지 않습니다. 저는 그저 자연과 벗하여 지내려 합니다. 그러니 걱정일랑 하지 마세요.'

왕자님은 이 꿈을 그림으로 남기기로 했어. 왕자님은 과연 누구한테 그림을 맡기셨을까?

🏵 당대 최고의 화가, 안견

꿈을 꾼 왕자님은 안견을 불렀어.

"내 꿈 얘기를 그림으로 그려 줄 수 있겠나?"

답은 들으나 마나야. 안견은 그 당시 최고로 손꼽히는 화가였거든. 못 그리는 그림이 없었어. 사람 얼굴, 꽃과 나무, 기러기와 갈대, 누각과 말, 특히 산수 풍경화는 최고로 잘 그리는 그림이었지. 그래서 궁중 화원이었던 도화원[3]에서도 제일 높은 자리까지 올랐어. 또 화원으로서 올라갈 수 있는 최고의 벼슬이던 종5품도 뛰어넘어 화원 최초로 정4품 벼슬까지 받았어. 무엇보다 안평대군을 가까이 모시면서 초상화도 그려 드리는 친한 사이였거든.

안견은 꿈 얘기를 들은 지 사흘 만에 그림을 완성했어.

꿈에 노닌 신선 나라, 몽유도원도.

환상적인 신선 나라가 그림에 오롯이 담겨 있었어.

"오오, 비단 폭은 비록 좁으나 그림은 한없이 넓으오. 마치 그대가 본 것 같구려. 어쩌면 꿈속에 있는 것처럼 이리도 잘 그렸소. 삼 리나 되는 넓은 도원이 한 폭의 그림에 다 들어 있구려. 도원을 위에서 본 모습으로 그리니 붕 떠 있는 듯 정말 꿈속 같으오. 도원은 사방이 험한 바위산으로 둘러싸였는데 앞쪽 산봉우리를 낮게 그리니 넓은 도원 전체가 속까지 다

---

3) 도화원 : 고려 시대부터 조선 시대 초기의 궁중 화원이야. 당시 화원은 40명이었으며 화원 중에서 가장 높은 벼슬은 선화로 종5품이었어. 성종 무렵에 도화원은 도화서로 이름이 바뀌었고, 최고 벼슬인 선화도 종6품으로 낮아졌으며, 화원 수도 줄었어.

몽유도원도

보이고 더욱 넓어 보이는 게로군.

박팽년과 함께 어디로 갈지 몰라 머뭇거리던 곳은 여기 왼쪽이구려. 다른 화가들은 이야기 방향을 오른쪽에서 왼쪽으로 잡던데, 그대는 왼쪽에서 오른쪽으로 그렸구려. 이 또한 분위기를 사뭇 다르게 하오. 지곡[4], 그대는 역시 세상에서 가장 뛰어난 화가요."

지곡은 안견을 말해. 안견이 태어난 곳이 충청남도 서산에 있는 지곡 땅이거든.

안견은 고운 비단에 거의 먹으로 그림을 그렸어. 복숭아꽃과 잎을 그리

---

4) 사람들은 안견을 지곡, 현동자, 주경, 가도, 득수라고 부르기도 했어.

기 위해 붉은색과 초록색을 조금 썼지. 부드러운 산등성이에는 바늘을 세워 놓은 듯한 가는 나무들을 그렸어. 산 아래쪽은 환하게 표현했어. 빛이 마치 아래에서 위로 비추는 것처럼 아래쪽 빛을 반사시킨 거야. 이런 것을 보고 어떤 이는 중국 곽희 파의 영향이라고 해. 곽희는 중국 북송 때 사람인데, 그림을 잘 그려서 따르는 사람이 많았어. 곽희가 그리는 풍이 중국의 원나라와 금나라까지 퍼지고, 조선에도 많이 퍼졌어. 그러나 안견은 곽희 파 화풍을 그대로 따라하지 않고 자신만의 화풍을 만들었어.

그런데도 왜 이런 평이 나왔을까? 일본에 「몽유도원도」가 처음 알려졌을 때 어느 일본 학자5)가 안견의 그림을 곽희 풍이라고 쓴 거야. 그걸 다른 연구자들이 그대로 따라 쓰고, 심지어 우리나라 학자들까지도 그대로 쓰니 잘못된 평가가 이어진 거지.

몽유도원도 (안견 그림, 1447년, 38.6×106.5(cm), 일본 덴리 대학 중앙 도서관 소장)

---

5) 나이토 고난이라는 일본 학자로 「몽유도원도」에 관하여 처음으로 논문을 썼어. 딴에는 칭찬을 한 거였지만 제대로 된 건 아니었지. 그가 쓴 글은 이래. '그 화풍은 곽희를 배운 것 같이 참으로 북송 사람의 필법을 쓰고 있으며, 거의 한 필도 남송 화원보다 떨어지지 않는다.'

이제는 꼼꼼하게 비교하고 분석하는 학자들이 생겼어. 곽희의 그림 중에서 가장 대표적인 작품인 「계산추제도」와 비교해 보면 차이가 바로 드러나거든. 우선 안견의 그림에 있는 산들은 따로 떨어져 있으면서도 서로 어울리며 통일감이 있어. 곽희의 것은 산등성이가 그치거나 끊어지지 않고 계속 연결되어 있어. 서로 독립적인 느낌이 없는 거지. 다른 그림에서도 곽희는 산을 그릴 때 누런 흙이 쌓여 생긴 산을 둥글고 부드럽게 그렸어. 그러나 안견은 바위산을 매우 과장되게 그렸어. 바로 우리나라에서 쉽게 볼 수 있는 바위산 모습을 그린 거야.

또 곽희의 「계산추제도」는 사실적인 느낌이 나는데 안견의 그림은 환상적인 느낌이 나. 이야기가 흘러가는 방향도 달라. 「계산추제도」는 오른쪽에서 왼쪽으로 흘러가는데 「몽유도원도」는 그 반대야. 이렇게 서로 다른

계산추제도 (곽희 그림, 11세기, 26×206(cm), 프리어 미술관 소장)

데도 곽희 풍이라고 하는 것은 무리지.

다만 붓칠을 할 때 바로 옆에 붙여서 붓자국의 이음새가 보이지 않는다거나 아래쪽에서 빛이 비추는 것처럼 표현한 것이 비슷할 뿐이야. 그러나

이런 기법이야 누구나 함께 나누는 것이기 때문에 이걸 가지고 누구의 풍을 따랐다고 말하기는 어려워.

안견의 그림은 곽희 풍이라기보다는 오히려 고려의 불교 그림에서 섬세한 표현을 받아들인 것 같아. 안견의 그림도 고려의 불교 그림처럼 아주 세밀하거든.

안견은 우리나라의 대표적인 화가 중 한 사람이야. 안견이 위대한 화가가 된 데는 안평대군의 도움이 컸어. 안견은 안평대군이 모은 수백 점의 중국 옛 그림들을 모두 공부하여 받아들일 것은 받아들이되 자신만의 독특한 화풍을 이루었지.

조선에서는 안견을 따라 그리려는 사람들이 늘어났어. 양팽손[6], 신사임당[7], 윤의립[8], 이징[9], 김명국[10] 같은 뒷날의 유명한 화가들이 안견의 그림을 본받은 분들이야. 또 일본에까지 그 영향이 퍼져 일본 무로마치 시대에 수묵화라면 최고로 여겼던 덴쇼 슈분과 그를 따르는 유명한 화가들도 안견을 따라 그렸어.

이렇게 훌륭한 그림에 대하여 시는 어떤 말로 칭찬했을까?

---

6) **양팽손**(1488~1545) : 조선 전기의 학자이자 화가야.

7) **신사임당**(1504~1551) : 시와 그림에 뛰어난 예술가이자 율곡 이이의 어머니야.

8) **윤의립**(1568~1643) : 조선 중기의 문신으로 그림과 글씨에 재주가 있었고, 산수화로 이름을 떨쳤어.

9) **이징**(1581~?) : 조선 중기의 화가로 산수를 비롯한 거의 모든 그림을 잘 그려 당대 제일의 화가로 여겼어.

10) **김명국**(1600~?) : 조선 중기의 화가로 도화서의 화원이었으며, 나중에는 도화서 화원들을 가르쳤어. 일본에 갔을 때는 일본 사람들이 그림을 그려 달라고 아우성을 쳐서 밤잠조차 제대로 못 잤다고 해.

❀ 짝짝짝! 시로 그림을 칭찬하다

그림을 받아 든 왕자님은 흐뭇하여 시를 쓰기 시작했어.

꿈에 박팽년과 함께 도원에 가게 된 일, 박팽년, 최항, 신숙주와 함께 도원에서 노닌 일, 길, 산, 골짝, 절벽, 폭포, 복숭아나무, 대나무 숲, 띠 풀을 지붕에 이은 토담집, 안개와 노을 등, 꿈에서 본 모든 것, 또 꿈에서 깨어나 안견에게 그림을 청한 일을 모두 시로 쓴 거야.

왕자님은 「몽유도원도」와 자신이 쓴 시를 박팽년, 최항, 신숙주에게 보여 주고 이들에게도 시를 지어 달라고 했어. 그리고 집현전에서 일하던 여러 학자들, 학식 높은 어른, 음악가, 스님에 이르기까지 친하게 지내던 여러 사람에게 시를 부탁했어.

부탁을 받은 분들은 세상살이를 꿰뚫는 눈으로 멋진 시를 지어 보기 좋

은 필체로 썼어. 대부분 왕자의 꿈과 안견의 그림을 칭찬하는 시였지.

어디쯤에서 학을 타고 오신 신선이신가?
사람이 이처럼 아름답게 그려 낼 수 있을 줄 어찌 알았으리오.
― 하연의 시문 중에서

이런 식으로 말이야. 하지만 사람에 따라서 도원에 대한 생각이 조금씩 달랐어.

어떤 이는 이 세상에 없고 오직 꿈에서만 갈 수 있는 곳이 도원이라 했어. 또 어떤 이는 도원과 같은 꿈의 세상을 만들기 위해 세상을 바꿔야 한다고 했어.

이런 차이에서 사람들은 글쓴이의 속생각을 끄집어내.

'이상 세계란 불가능하니까, 혹시 그런 꿈을 갖고 있다면 어서 깨어나세요.'

'안평대군이야말로 꿈 같은 세상을 만들어 갈 분이니 앞으로 받들어 모시겠습니다.'

이렇게 서로 다른 생각이 글 속에 담겨 있다는 거지.

세조 때 영의정까지 지낸 신숙주는 560자로 된 가장 긴 시를 썼는데, 왕자님이 표현한 도원을 꼬집는 것 같았어.

……

때때로 떨어진 꽃잎이 물 따라 흘러오는 것 보이지만,
도원이 어디인지 알 길이 없네.

……

진실과 속세는 마치 네모난 자루와 둥근 구멍 같아 어울릴 수 없고,
사람은 좋아하는 게 서로 달라 갈라지게 마련이라네.

……

신선들은 도원에서 삼천 년을 놀았다니,
인간 세상 일 년에 꽃 한 번 피는 것과는 다르다네.

……

화사한 꽃 피어 있는 것도 잠깐 사이의 일인데,
복숭아꽃 피었다는 소식을 알려 어쩐다는 것인가.

……

- 신숙주의 시문 중에서

이런 시도 있어.

안타까워라 몇몇 사람 왕자님 모시고 노닌 무리에
나는 함께할 기회를 얻지 못하였네.

- 송처관의 시문 중에서

왕자님은 3년 뒤 새해 첫날에 그림을 꺼내 보고 또 시를 지었어.

이 세상 어느 곳을 도원으로 꿈꾸었나,

함께 있던 사람들 옷차림새 아직도 눈에 선하네.

그림으로 그려 놓고 보니 참으로 좋을시고

천 년을 이대로 전하여 볼 만하지 않은가.

— 안평대군의 시문 중에서

「몽유도원도」 두루마리에서 안평대군이 쓴 꿈 이야기 (1447년)

왕자님까지 모두 22명이 시를 짓고 글씨를 썼어. 왕자님이 2편을 써서 모두 23편이야. 이것이 합쳐져 「몽유도원도」 두루마리가 된 거야. 안견의 훌륭한 그림도 그림이거니와 멋진 시와 글씨가 함께 있어서 「몽유도원도」가 더욱 특별해.

시문의 글씨는 찍어 낸 듯 반듯한 글씨가 있는가 하면 정겹게 너울거리는 글씨도 있고, 바람이나 강물처럼 자연스럽게 흐르는 글씨도 있어. 그런가 하면 소나무처럼 믿음직해 보이는 글씨가 있고, 종이를 뛰쳐나와 하늘로 날아오를 듯 기운찬 글씨도 있어. 이렇게 여러 얼굴을 갖고 있는 글씨를 보면 저절로 감탄이 나와. 또 여러 명필가의 글씨가 두루마리 한 축에 어우러져 있으니 보는 눈이 호강이야.

그런데 이런 훌륭한 작품을 만들며 자연과 벗하여 살겠다는 왕자님의 꿈은 과연 이루어졌을까?

「몽유도원도」 시문을 쓴 22인

1) **안평대군(1418~1453)** : 원래 이름은 용이야. 세종 대왕의 셋째 아들로 어려서부터 글 공부를 좋아하고 시와 글씨, 그림을 모두 잘했어.

2) **고득종(?~?)** : 세종 때 과거에 붙어 일본, 명나라에 사신으로 다녀왔어. 문장과 서예를 잘했지.

3) **강석덕(1395~1459)** : 태종 때 과거를 보지 않고 아버지의 벼슬 덕에 벼슬을 얻었지만 평생 학문에 힘썼다고 해. 호조참판, 대사헌 등 높은 벼슬을 살았으며, 시와 글씨를 잘 썼어.

4) **정인지(1396~1478)** : 태종 때 과거에 붙어 여러 벼슬을 살았어. 세종 때는 집현전에서 한글을 만드는 데 힘썼고, 세조 때는 영의정까지 됐어.

5) **박연(1378~1458)** : 세종 때의 음악가야. 태종 때 과거에 붙었고, 세종 대왕을 도와 음악을 정비하는 데 힘썼어. 피리를 잘 불어서 고구려의 왕산악, 신라의 우륵과 함께 3대 악성으로 불려.

6) **김종서(1382~1453)** : 태종 때 과거에 붙어 벼슬을 살았어. 세종 때는 국경을 두만강까지 넓히는 공을 세웠어. 세종 대왕이 역사책, 『고려사』의 최종 책임을 맡길 정도로 학문이 깊었으며, 어린 단종을 위하다 수양대군한테 맨 먼저 죽임을 당했어.

7) **이적(1438년 전후)** : 태종 1년에 과거에 붙어 벼슬을 하였으며, 명나라 사신으로 갔다가 홀로 남경까지 다녀왔어. 주역에 밝아 세종이 의문점이 있을 때는 이적에게 신하를 보내 물었다고 해.

8) **최항(1409~1474)** : 세종 때 과거에 붙어 집현전 학자로 일했으며, '용비어천가'를 짓는 데 힘을 보탰어. 세조 때는 여러 제도를 마련하는 데 힘썼어.

9) **신숙주(1417~1475)** : 세종 때 과거에 붙었으며, 훈민정음 창제에 힘을 많이 보탰어. 명나라 사신이 성삼문과 함께 동방의 위대한 시인이라 부를 정도로 시를 잘 지었고, 수양대군이 임금이 되는 것을 도와 오랫동

안 벼슬을 했어.

10) 이개(1417~1456) : 세종 때 과거에 붙었으며 성삼문, 박팽년, 신숙주와 함께 한글을 만드는 데 힘썼어. 임금 자리를 수양대군에게 빼앗긴 단종을 다시 임금 자리에 앉히려다가 수양대군에게 죽임을 당했어.

11) 하연(1376~1453) : 정몽주 밑에서 공부했으며, 태조 때 과거에 붙어 오래도록 높은 벼슬을 두루 살았어. 시문과 글씨에 뛰어났지.

12) 송처관(1410~1477) : 세종 때 과거에 붙어 벼슬에 올랐어. 넉넉하게 살면서도 누이가 구걸을 하게 되었을 때 돌보지 않아 사람들이 손가락질을 했대.

13) 김담(1416~1464) : 세종 때 과거에 붙어 천문학자가 되었어. 세종 대왕의 명을 받아 우리나라를 기준으로 한 달력을 만들 수 있도록 별과 달의 움직임을 연구한 천문학자야.

14) 박팽년(1417~1456) : 세종 때 과거에 붙어 집현전 학자로 일했으며 여러 벼슬을 했어. 책을 펴내는 일에도 힘을 썼으며, 세조에 반대하여 단종을 다시 임금으로 세우려다가 감옥에서 죽음을 맞았어.

15) 윤자운(1416~1478) : 세종 때 과거에 붙었으며, 성종 때 영의정까지 벼슬을 살았어. 신숙주를 매형으로 두었어.

16) 이예(1419~1480) : 세종 때 과거에 붙었으며, 집현전 박사로 세종의 명에 따라 동양 최대의 의학 사전인 『의방유취』를 만드는 데 힘을 보탰어.

17) 이현로(?~1453) : 세종 때 과거에 붙어 집현전에서 일했어. 안평대군 편에 붙어 권세를 부렸다 하여 귀양 가던 중에 죽임을 당했어.

18) 서거정(1420~1488) : 문장과 서예에 매우 뛰어나서 중국의 학자들이 해동의 귀한 천재라고 칭찬했어. 천문, 지리, 의약에도 뛰어나 많은 책을 펴내는 데 힘썼어.

19) 성삼문(1418~1456) : 세종 때 과거에 붙어 훈민정음 반포에 매우 큰 공을 세웠어. 수양대군이 단종과 안평대군을 죽이자 크게 꾸짖었으며,

죽음에 이르는 심한 고문에도 낯빛이 변하지 않았다고 해.

20) 김수온(1410~1481) : 세종 때 과거에 붙어 여러 벼슬을 살았어. 학문이 뛰어나고 글을 잘 지어 서거정, 성삼문, 신숙주와 함께 이름을 날렸대. 명나라 사신과 주고받은 문장은 명나라에 퍼질 정도였대.

21) 만우(1357~?) : 고려 말기, 조선 초기의 승려야. 공부를 많이 하고 시를 잘 지어 배우려는 사람들이 몰렸으며, 집현전 학자들과도 어울렸다고 해.

22) 최수(?~?) : 성균관에서 벼슬을 했다는 기록 말고는 자세한 기록이 없어.

🌸 꿈 깨어지다

도원을 꿈꾼 지 몇 년이 흘렀어. 안평대군은 지금의 청와대 뒷산인 북악산 자락을 산보하다가 걸음을 멈추었어.

"오, 꿈속에서 본 도원과 참으로 비슷하구나."

안평대군은 이곳에 별장을 짓고 싶었어. 돈 걱정은 없었지. 20살(만 19살) 청년이 되었을 때 나라에서 왕자에게 꽤 넓은 땅을 줬거든. 안평대군은 별장을 짓고 무계정사[11]라고 불렀어. '무릉도원이 있는 골짜기'라는 뜻이야. 별장에는 담담정이라는 정자를 짓고 도서관처럼 책을 두었는데 무려 만여 권이나 모았어. 안평대군은 책을 사랑했거든. 시도 잘 짓고 거문고나 비파도 잘 다루었어. 무엇보다 천하명필이었어. 얼마나 글씨를 잘 썼는지 대군의 글씨로 나라의 글자본을 만들어 책을 찍어 내기까지 했다니까.

한번은 이런 일도 있었어. 세종 대왕이 명나라 사신을 맞는 자리였어. 명나라 사신은 왕자님이 쓴 글씨 두 자를 보고 입술을 바들바들 떨었어.

"이, 이것은 보통 솜씨가 아니옵니다. 이 글씨를 쓰신 분이 어떤 분인지 꼭 좀 만나 뵙고 싶습니다. 이런 명필가는 넓디넓은 명나라에서도 찾을

---

11) 무계정사가 있던 자리는 종로구 부암동 329-4번지 일대야. 서울특별시에서 지방문화재로 지정해 놓았어. 북악산 북서쪽 산자락에 있었는데, 지금은 건물이 헐리고 말았어. 개인 땅이어서 강제로 보존하라고 명령할 수 없거든. 무계정사가 있던 자리의 땅 모양을 보면 안은 넓고 밖은 은밀하여 마치 울타리가 쳐져 있는 것 같았다고 해. 동서로는 이삼백 걸음 정도였고, 남북으로 반쯤 되는 곳에 계곡물이 흐르고 골짜기 입구에 폭포가 높이서 떨어지는데, 이곳을 무계라고 했어. 무계에는 연못이 있어 연꽃을 심고 수백 그루의 복숭아나무와 대나무가 주위를 둘러싸듯 했는데, 넓고 깊어서 도원의 기이한 모습과 비슷했나 봐.

수가 없나이다."

 세종 대왕은 빙그레 웃으셨어. 조선 왕조 최초로 세 왕자를 성균관에 보낼 정도로 왕자 교육에 특별히 신경을 쓰신 분이잖아. 안평대군은 13살 어린 나이에 두 형들과 함께 성균관 공부를 훌륭히 해냈지. 중국 사신들은 조선에 올 때마다 안평대군의 글씨를 받으려고 안달을 냈을 정도야.

 그런데도 안평대군은 눈을 내려뜨거나 턱을 치켜드는 일이 없었어. 평범한 일반 사람도 반갑게 맞으셨지. 왕자님의 글씨를 원하는 사람한테는 누구에게나 써 주었어.

 "이 흘려 쓰신 글씨 좀 보게나. 늠름하고 기운차서 날아 움직일 듯하지 않나? 내가 갖고 싶다고 했더니 왕자님께서 직접 써 주셨다네."

 "오오, 부러워라. 자네는 무계정사에 갈 수 있어서 참으로 좋겠네."

"자네도 원하면 가 보게. 왕자님은 우리 같은 보통 사람도 언제나 반겨 주신다네."

"그게 정말인가? 바둑알은 옥으로 만들고, 바둑판에는 금가루로 줄을 긋는다는 귀하신 몸이라서 가까이 갈 생각도 못했는데."

"왕자님은 달빛이 환한 밤에는 뱃놀이도 즐기시고 거문고와 비파를 타기도 하는데, 그 모습이 마치 하늘에서 내려온 신선 같다네. 그런 귀한 분이 우리 같은 사람한테 글씨까지 써 주신다네."

안평대군을 따르는 사람은 점점 늘어났어. 어쩌면 꿈에 본 도원이 무계정사에서 이루어지는 것도 같았어. 그러나 꿈은 여기까지였어.

세종 대왕의 뒤를 이어 왕이 된 문종이 2년 만에 세상을 떠나고 12살의 어린 단종이 왕위에 오르자 수양대군이 들고 일어난 거야.[12] 조카 되는 단종의 왕위를 빼앗고 목숨마저 빼앗은 거지. 안평대군도 무사할 수 없었어. 강화도로 귀양을 간 뒤에 결국에는 수양대군에게 역적으로 몰려 목숨을 잃었어. 이때 수양대군을 힘써 도운 사람 중에는 신숙주와 최항이 있어.「몽유도원도」에 시문을 쓸 정도로 안평대군과 가까웠는데 말이야. 어째 시문에서도 안평대군과는 생각이 좀 달라 보이더라니.

수양대군은 안평대군이 두려웠는지도 몰라. 혹시라도 사람들이 왕의 자리에는 안평대군이 어울린다고 쑥덕거릴까 봐 말이지. 호화로운 자리, 번거로운 도읍이 싫고 자연과 더불어 살고 싶다고 글과 그림으로 말했지

---

12) **계유정난** : 수양대군이 왕위를 빼앗기 위해 일으킨 사건이야. 1453년 계유년에 일어난 난이라고 해서 계유정난이라고 불러. 이때 수양대군을 도운 사람들은 공신이 되어 벼슬을 차지했고, 반대로 단종을 다시 임금의 자리에 세우려고 노력한 사람들은 모두 역적으로 몰려 죽임을 당했어.「몽유도원도」에 시문을 쓴 사람들 중에 신숙주와 최항은 공신이 되어 벼슬을 차지했고, 안평대군과 김종서, 성삼문, 박팽년, 이개는 죽임을 당했어.

만 눈속임이라고 여겼나 봐.

그 뒤 담담정에 있던 책 만여 권은 어디론가 사라졌어. 옛 그림 수백 점과 날아갈 듯한 대군의 글씨도 남지 않았어. 안평대군이 모았던 안견의 그림 수십 점도 다 사라졌어. 역적이 된 사람의 것을 두었다가는 무슨 일을 당할지 모르잖아.

그런데 사람 마음은 알 수가 없어. 안평대군이 별장을 지은 곳 말이야. 조선왕조실록에 보면 수양대군 부인의 몸종이 안평대군에 대해 고자질하는 대목이 나오는데, 바람과 물과 땅의 기운을 읽어 내는 풍수가 안평대군께 이렇게 말했다는 거야.

"대대로 임금이 나올 곳이라."

이 말을 듣는 순간, 시와 글과 그림으로 표현했던 안평대군의 꿈은 이미 깨졌는지도 몰라.

그럼 「몽유도원도」 두루마리는 어디로 갔을까?

❀ 빌려 보는 몽유도원도

「몽유도원도」가 우리나라에서 사라지고 한참 뒤에 일본에서 나왔어. 언제 어떻게 일본으로 가게 되었는지는 밝혀지지 않았어. 이를 연구한 사람들은 1893년 이전에 일본으로 가게 되었을 거라고 짐작해.

일본에서는 여러 사람이 「몽유도원도」를 팔고 샀어. 그러던 중에 이리저리 옮기면서 원본에 손상이 갔을 거야. 사람이 빽빽하게 들어찬 복잡한 열차에 그림을 싣고 다니기도 했거든. 이때 그림은 1미터짜리 액자로 되어 있었고, 시문은 별도의 긴 두루마리로 복잡하게 흐트러져서 포개져 있었다고 해. 그러니 상할 수밖에.

그 뒤에 상한 부분을 잘라 내고 표구했을 거라 짐작해. 현재는 2개의 두루마리[13]로 엮여 있어. 1947년 일본 도쿄의 마유야마 씨가 갖게 되면서 표구한 거야.

1929년에 「몽유도원도」에 대하여 처음으로 논문이 나왔을 때는 시문의 순서가 이랬어.

고득종, 강석덕, 정인지, 박연, 김종서, 이적, 최항, 신숙주, 이개, 하연, 송처관, 김담, 박팽년, 윤자운, 이예, 이현로, 서거정, 성삼문, 김수온, 만우, 최수의 순서였지.

그런데 일본 사람이 두루마리를 새로 엮으면서 시문의 순서가 뒤죽박죽

---

13) **「몽유도원도」 두루마리** : 상하권으로 되어 있어. 높이는 41센티미터고, 길이는 2권을 합치면 20미터 정도가 돼. 실제 그림의 크기는 세로가 38.6센티미터, 가로가 106.5센티미터야. 원래는 더 컸을 것으로 짐작해. 위, 아래, 양옆에 모두 잘려 나간 흔적이 있거든.

되었어. 지금 시문의 순서는 이래.

신숙주, 이개, 하연, 송처관, 김담, 고득종, 강석덕, 정인지, 박연까지 상권에, 김종서, 이적, 최항, 박팽년, 윤자운, 이예, 이현로, 서거정, 성삼문, 김수온, 만우, 최수 등은 하권에 실었어. 안평대군이 3년 뒤에 쓴 시문은 맨 앞으로 갔지.

고득종의 시문은 유난히 망가져 있었는데, 그것은 아마 두루마리 형태에서 맨 위에 있었기 때문일 거야. 신숙주가 앞으로 나온 것은 일본에서 가장 많이 알려져서지 싶어. 『해동제국기』라는 신숙주의 책이 일본에서 유명했거든. 이 책은 일본을 잘 아는 신숙주가 성종 임금의 명령을 받아 쓴 일본에 관한 책이야.

안평대군이 여러 사람에게 시문을 부탁했을 때는 그 순서도 많이 고려했을 거야. 시문을 쓴 사람들의 나이로 보나 당시의 벼슬자리로 보나 원래 순서가 훨씬 합리적이야. 그런데 원본의 순서를 마음대로 바꾸어서 표구를 하다니 안타깝고 아쉬울밖에.

더욱 안타까운 것은 그동안 「몽유도원도」가 우리 품에 돌아올 기회가 있었어. 1946년에서 1947년 사이에 우리나라 국립 중앙 박물관의 첫 관장이 일본에 갔을 때야. 「몽유도원도」를 갖고 있던 사람이 팔려고 내놓았지. 그러나 당시 우리나라는 일본한테 억눌리다가 막 해방되어 먹고사는 것도 힘든 때였어. 박물관의 적은 예산으로는 살 엄두도 못 냈지. 당시 「몽유도원도」는 수천 달러나 했어. 박물관장은 눈물을 머금고 포기해야 했어.

그 뒤에 또 한 번의 기회가 있었어. 1950년에 「몽유도원도」가 부산에

들어왔어. 당시에 유명하던 최남선[14], 이광수[15] 같은 문인들이 직접 그림을 보았으나 이러저러한 사정으로 다 살 수 없었다고 해. 결국 「몽유도원도」는 일본 나라 현에 있는 덴리 대학으로 넘어갔어.

이제는 이 그림이 얼마나 훌륭한 그림인지 모두가 알게 됐어. 전시를 위해 빌리는 것도 여러 번 가서 부탁을 해야 하는 상황이 됐지.

「몽유도원도」는 우리나라에서 세 차례 전시됐어. 1986년 국립 중앙 박물관을 옛 중앙청 건물로 이사했을 때, 1996년 호암 미술관에서 조선 전기 국보 전시회를 했을 때, 2009년 한국 박물관이 백 년 된 기념으로 국립 중앙 박물관 전시를 했을 때야. 이때 박물관 앞에는 그림을 보려는 사람들로 수백 미터 줄이 늘어섰어.

덴리 대학에서는 앞으로 「몽유도원도」를 밖으로 빌려 주지 않겠다고 밝혔어. 이제는 귀한 그림이 살아남았다는 것에 감사해야 하는 상황이 된 거야. 책으로나마 시와 그림과 글씨를 감상해야 하는 거지. 그런데 이보다 더 안타까운 일이 있어. 「몽유도원도」의 시문이 나와 있는 책이 지금 우리나라에 단 한 종류밖에 없다는 거야. 그것도 절판되었어. 국립 중앙 도서관에도 보존 자료로 분류돼 있어서 책을 쉽게 꺼내 볼 수 없어. 그나마 디지털 자료로 만든 덕분에 모니터로 볼 수 있을 뿐이야.

비록 지금은 남의 나라에 가 있지만, 「몽유도원도」처럼 그림과 시문이 한 작품으로 태어날 수 있었던 것은 우리나라 사람들이 유독 글을 사랑했기 때문일 거야. 이런 글 사랑은 아주 오래전부터 있었어. 그것이 아마 세계에서 최초로 금속 활자를 만들어 낸 힘인지도 몰라.

---

14) **최남선**(1890~1957) : 잡지 『소년』을 창간, 『해에게서 소년에게』를 발표했어.
15) **이광수**(1892~1950) : 한국 최초의 근대 장편 소설 『무정』을 썼어.

3장
살아 있는 글자로 찍은 책, 직지

✺ 세계에서 가장 오래된 금속 활자 책

　1972년은 유네스코가 정한 '세계 책의 해'야. 프랑스 국립 도서관에서는 이를 기념하여 책 전시회를 열었어. 처음으로 맞이하는 책의 해니까 전시회도 특별하게 준비했지. 아주 오래된 책, 세상에 맨 처음 나온 책들로 말이야.

　도서관에서는 오랫동안 정성 들여 책을 골랐는데 우리나라 책도 물론 있었어. 『경국대전』[1], 『여지도』[2], 그리고 『직지』였어. 프랑스 신문 '르 몽

---

1) **경국대전** : 보물 제1521호로 조선 시대의 기본 법전이야.
2) **여지도** : 보물 제1592호로 한양도성도 및 조선 군현 지도, 조선 전체 지도, 그리고 천하도지도를 다 포함하는 지도책이야.

드'는 이 가운데 『직지』에 대하여 이런 기사를 냈어.

프랑스 국립 도서관에는 수많은 책이 있다. 그중에서 금속 활자로 찍어 낸 가장 오래된 책이 나왔다. 한국 책이다. 1377년에 찍은 것이다. 유럽 최초의 금속 활자 책은 구텐베르크가 찍어 낸 성경책이다. 1455년에 찍은 것이다.

프랑스 국영 제1TV에서는 이렇게 방송했어.

교과서에 나오는 것처럼 구텐베르크는 금속 활자 인쇄술의 발명가가 더 이상 아니다. 여기에 증거가 있다. 한국의 흥덕사라는 절에서 1377년에 금속 활자로 인쇄한 '직지'라는 책이다. 우리는 이제 금속 활자의 영광을 한국에 돌려줘야 할 것이다.

 동방의 보물

『직지』는 1972년에 이어 1973년에도 프랑스 국립 도서관에 전시됐는데, 그때 열린 동양학 국제 학술 대회 안내문에는 『직지』가 '동방의 보물'로 소개됐지. 그리고 이런 글이 적혀 있었대.
'한국의 인쇄술은 중국을 뛰어넘었으며 유럽을 앞서 갔다. 한국 사람들은 이 새로운 기술을 가지고 14세기에 놀라울 만큼 완벽한 경지에 이르렀다.'

사람들은 충격에 휩싸였어. 지금까지 알고 있던 것과 다른 이야기니까.
"그렇다면 한국에서 인류 최초로 금속 활자를 찍었다는 말씀?"
"암, 구텐베르크 성경책보다 '직지'가 무려 칠십팔 년이나 빠르다는데?"
"직지?"
"원래 제목은 너무 어려워. 백운화상초록불조직지심체요절@@?!"

맞아. 『직지』는 금속 활자로 찍은 책 중에서 가장 오래된 책이야. 금속 활자로 찍은 것이 왜 중요한 걸까? 금속 활자는 매우 특별한 발명품이거든. 사람이 알고자 하는 욕구, 정보에 대한 욕구를 단번에 채워 준 발명품이었지. 요즘으로 치면 마치 인터넷이 발명된 거나 마찬가지야.

금속 활자가 발명되기 전에 우리나라에서는 나무판에 글자를 새겨서 책을 만들었어. 나무판은 한 가지 책을 새기고 나면 다른 책에는 쓸 수가 없어. 글자가 판에 붙어 있기 때문이야. 나무판에 글자를 새기려면 노력과 비용은 물론 시간이 많이 필요해. 새 책을 기다리는 사람은 목이 타지. 세상의 모든 책을 다 새길 수도 없고. 다 쓴 다음에는 보관하기도 힘들어. 부피도 크고 부서지거나 깨질 수도 있어. 이런 점을 한번에 해결한 게 금속 활자야.

활자(活字 : 살 활, 글자 자), 글자가 살아 있다? 맞아. 나무판에 새긴 글자는 움직일 수가 없는데 금속 활자는 하나하나 따로 새겨 이리저리 옮길 수 있으니 살아서 펄펄 움직이는 것과 같지.

금속으로 활자를 만드는 것은 꽤 까다로운 일이야. 하지만 일단 활자를 한 벌 만들어 놓으면 정말 편리해. 필요한 글자를 가져다 책을 찍으면 되는 거야. 마치 글자가 살아 있는 것처럼 움직이는 거지. 다른 책을 만들 때도 얼마든지 또 쓸 수 있어. 활자를 만든 금속이 닳고 닳을 때까지.

금속 활자는 인류가 만들어 낸 가장 위대한 발명품으로 열 손가락 안에 꼽혀. 이런 엄청난 일을 우리 조상이 해 낸 거야. 기계 문명의 본고장이라는 유럽보다 훨씬 먼저 말이지.

그런데 직지는 무슨 뜻일까?

 직지는 최초의 금속 활자본이 아니다?

우리나라는 1377년 이전에도 이미 금속 활자를 썼다는 기록이 있어. 1234년에서 1241년 사이에 『상정예문』이라는 책을 금속 활자로 찍었다는 거야. 『상정예문』은 지금 전해지지 않지만 이규보가 지은 『동국이상국집』에 적혀 있어.

『상정예문』은 예부터 전해 내려오는 예의 범절, 관례, 관습 들을 엮은 책이야. 50권이나 되는 걸로 보아 예절 백과사전인 셈이지. 이것을 28질 찍었다고 해.

또 1239년에는 『남명천화상송증도가』라는 책을 금속 활자로 찍었다는 기록도 있어. 이 책은 송나라의 남명이라는 스님이 도를 깨달아 적은 시문이야.

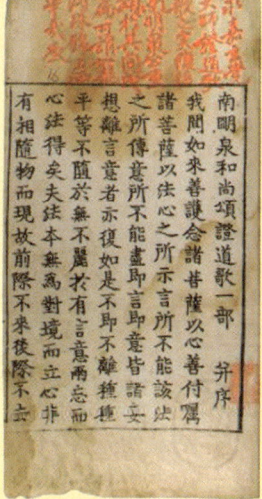
남명천화상송증도가 (보물 제758호, 삼성 출판 박물관 소장)

이들 책이 만들어진 때는 몽고군이 쳐들어왔을 때야. 나라에 난리가 났는데 어떻게 금속 활자를 만들고 책을 찍어 낼 수 있었을까? 그것은 아마도 전에 만들어 놓은 금속 활자가 있었기 때문일 거야. 늘 하던 익숙한 일이니까 쉽게 찍었겠지. 그러니까 사실은 더 이른 때 이미 금속 활자를 쓰고 있었는지도 몰라.

🏵 똑바로 보아라, 직지

직지를 엮은 분은 백운화상 경한 스님이야. 스님이 되었을 때 받은 이름이 경한이고, 백운은 편하게 부르는 이름, 화상은 수행을 많이 한 스님이라는 뜻이야. 임금님 집안에서까지 존경을 받으셨다니 대단한 분이셨나 봐. 경한 스님은 우리 나이로 55살에 석옥이라는 스님을 찾아 중국에 갔어. 중국에서 석옥 스님한테 책 한 권을 받았는데 그 책이 『직지』야. 스님은 『직지』를 공부하고 이듬해 돌아와 부처님의 도리를 깨달았다고 해.

경한 스님은 석옥 스님한테 받은 책으로 새로운 책을 만들었어. 훌륭한 스님들의 말씀을 더 찾아서 『직지』의 내용과 합친 거야. 모두 307편의 글이 정리됐어. 한 권으로 만들기에는 너무 두꺼워서 상하권으로 만들었는데, 상권은 발견되지 않아 지금은 하권만 있어.

『직지』의 원래 제목은 읽기도 어려워. '백운화상초록불조직지심체요절'이야. 어려운 제목이지만 하나하나 풀어 보면 쉬워.

백운은 스님의 이름,

화상은 수행을 많이 한 스님,

초록은 필요한 부분을 뽑아서 적는다는 뜻,

불조는 부처님과 불교 종파를 세운 높은 스님,

직지는 바로 보기,

심체는 몸과 마음,

요절은 문장에서 요긴한 구절.

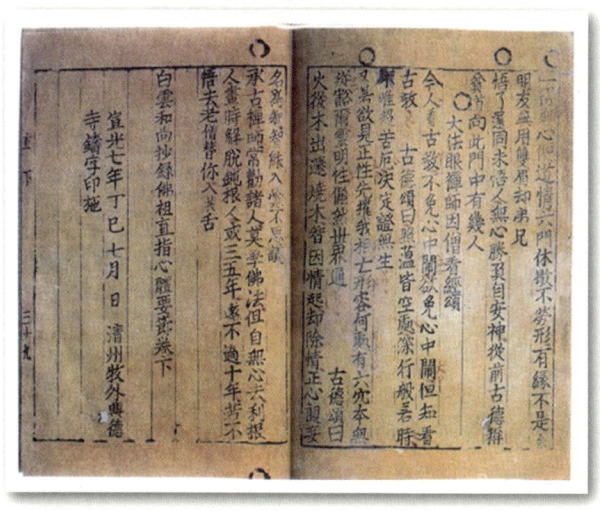

직지 (보물 제1132호)

이걸 모두 합치면 '몸과 마음을 바로 보기 위한 요긴한 구절로, 부처님

과 높은 스님들의 말씀을 백운 스님이 가려 뽑아 쓴 책'이란 거지.

직지에 들어 있는 내용은 아주 어려워. 스님 중에서도 공부를 많이 한 스님들이 볼 수 있는 책이야. 지금으로 치면 불교 대학원 같은 데서 공부할 만한 교재지. 이 어려운 책을 한마디로 줄이면, '똑바로 보아라!'야. 다시 말하면 '참선을 통하여 사람의 마음을 바르게 볼 때, 그 마음이 곧 부처님의 마음'이라는 거야.

안타깝게도 스님은 책을 쓴 지 2년 뒤에 돌아가셨어. 스님의 제자들은 이 귀한 책을 다른 사람에게도 보이고 싶었을 거야. 당시에는 이미 금속 활자를 써서 책을 만들던 때였지. 삼국 시대 때부터 쇠를 잘 다룰 줄 알고 먹과 종이를 만드는 기술도 세계 최고였으니까.

스님의 제자들은 청주 흥덕사라는 절에서 직지를 찍어 냈어[3]. 나라의 인쇄 기관도 아닌 지방의 한 사찰에서. 그것도 글쓴이의 제자 몇 명이 금

---

3) 직지 맨 뒷장에는 책을 찍어 낸 사람들 이름이 나와. 경한 스님의 제자로 석찬, 달잠, 묘덕 스님이야. 석찬, 달잠 스님은 책을 만들었고, 묘덕 스님은 책 만드는 데 드는 비용을 댔다고 쓰여 있어. 청주 흥덕사에서 책을 찍었다는 것도 나와. 흥덕사는 1980년대에 절터가 발견되어 학자들이 모두 확인을 했어. 그랬더니 금으로 만든 북도 나오고, 청동으로 만든 사발도 나오고, 나발(소라처럼 꼬불꼬불한 부처님 머리카락)도 나왔어. 철을 마음대로 부렸다는 얘기지.

속 활자를 찍어 낸 거야. 시대적으로 보면 당시 고려는 나라 힘이 없고 원나라의 간섭이 몹시 심했어. 자연히 인쇄 기술도 많이 떨어졌을 때지. 이렇게 어려운 때에도 금속 활자로 책을 찍을 수 있었던 거야. 훨씬 오래전부터 금속 활자 인쇄 기술이 발달했다는 것을 짐작할 수 있는 부분이야.

고려 시대의 금속 활자를 찾다

'복(覆)' 자 (국립 중앙 박물관 소장)

고려 시대에 만들어진 금속 활자 2개가 실제로 발견됐어. '복(覆)' 자가 새겨진 활자와 '전(顚)' 자가 새겨진 활자야. '복' 자는 1913년에 개성의 개인 무덤에서 발견됐어. 지금은 국립 중앙 박물관에 있지. '전' 자는 1958년에 역시 개성 근처에서 발견되어 지금 개성 역사 박물관에 있어. 크기는 가로세로가 약 1센티미터 정도야.

금속 활자를 만드는 데는 여러 가지 금속 재료가 쓰여. 가장 많이 쓰이는 것은 구리와 주석이고, 아연, 납, 칠이 조금씩 쓰이기도 해. '복' 활자의 성분을 따져 봤더니 구리(50.9%), 주석(28.5%), 납(10.2%), 철(2.2%), 아연(0.7%) 같은 금속 성분이 나왔어. 고려 시대 금속 활자라는 걸 다시 한 번 확인한 거야.

일본인 학자, 구로다 료우는 우리 활자를 너무나 부러워했어. 1939년 그가 남긴 기록을 봐.

한국 인쇄술은 어느 나라와도 비교할 수 없을 정도로 독특합니다. 한국의 활자 재료는 종류가 다양하고 풍부하며, 인쇄 기술은 놀랄 정도로 우수합니다. 이런 사실을 밝히지 못하는 일본 학자들의 양심이 의심스럽습니다.

훌륭한 점을 표현하지 못하는 것이 양심에 걸릴 정도로 감동했던 거야.
고려의 금속 활자 인쇄 기술은 그대로 조선 시대로 이어져 활짝 꽃을 피웠어. 조선 시대에 새로 만들어진 활자의 종류는 수십 가지에 이르러. 한 번 활자를 만들 때 보통 3만에서 4만 자를 만들어 냈으니 어마어마해. 책에 대한 열망이 얼마나 컸는지 알 수 있어.
그런데 일본 학자들은 좀처럼 인정하지 않으려고 하는 우리 인쇄 문화의 우수성이 어떻게 세상에 알려진 걸까?

✺ 직지가 세상에 알려지기까지

1967년 프랑스 국립 도서관에서는 한 학생을 눈여겨보고 있었어. 늘 책을 빌리러 오는 학생이었지.

"우리 도서관 일을 좀 맡아 줄 수 있나요? 아시아 국가들 책을 담당할 분이 필요한데."

이런 제안을 받은 사람은 박병선 박사야. 박사는 당시 유학생이었어. 나라에서 주는 장학금을 받고 공부를 하던 중이었지. 석사 학위를 마치고 박사 논문을 준비하느라 무척 바쁠 때였는데도 박사는 바로 고개를 끄덕였어. 그 이유는 딱 하나였어.

'여기에서 일하다 보면 혹시 보게 될지도 몰라. 한국을 떠날 때 교수님이 부탁하셨지. 어디에 있는지도 모르는 우리 문화재를 꼭 좀 찾아보라고.'

이 생각은 딱 들어맞았어. '직지'를 만난 거야. 하권이라고 쓰여 있었는데, 맨 뒷장에 이런 글이 있었어.

선광 7년 9월 청주 외곽 흥덕사에서 금속 활자로 인쇄함.

선광(宣光)은 중국 소종 황제야. 원나라에 뒤이은 북원 나라를 다스리고 있었는데, 년도를 표시할 때 선광이란 이름을 썼어. 소종은 1371년에 황제가 되었으니 선광 7년이면 1377년인 거야.

1377년이면 독일의 구텐베르크가 금속 활자를 발명한 1455년보다 78년이나 빨라. 이런 귀한 책이 어떻게 프랑스까지 가게 된 걸까?

우리나라에서 1888년부터 1891년까지 프랑스 외교관(대리공사)으로 일했던 콜랭 드 플랑시라는 사람이 있어. 아버지가 작가이며 기자, 출판인 쇄업을 하는 분이라 플랑시는 책을 보는 눈이 남달랐어. 또 중국어를 공부했기 때문에 한자를 읽을 줄도 알았어.

플랑시는 우리나라 문화재를 700여 점이나 모았어. 그리고 프랑스로 돌아갈 때 모두 가져갔어. 그 뒤 1911년에 경매 시장에 내놨지. 옛 책이 모두 77권이었는데, 50권을 프랑스 국립 도서관에서 샀어. 이때 『직지』는 앙리 베베르라는 사람이 180프랑을 주고 샀어. 베베르는 보석을 모으는 것으로 유명했는데 골동품도 모았어. 베베르가 1950년 세상을 떠나자 부인은 갖고 있던 유물들을 경매로 팔았어. 그리고 나머지는 프랑스 국립

도서관에 기증한 거야. 『직지』는 가치가 알려지지 않아 팔리지 않고 도서관에 가게 된 거지.

박사는 열심히 연구하여 『직지』가 금속 활자본이라는 증거를 찾아냈어. 그 덕분에 『직지』를 '세계 책의 해 기념 프랑스 국립 도서관 전시회'에 냈던 거야. 마침내 세상 사람들은 인류가 만든 귀한 보물을 보게 된 거지.

사실 『직지』가 금속 활자본이라는 것은 수백 년 전에도 밝혀진 바가 있었어. 1901년에 모리스 쿠랑이 『조선서지』라는 책에 썼거든. 쿠랑은 플랑시 다음에 프랑스 공사관에 근무한 외교관으로 우리나라 책 3,821종을 정리하여 『조선서지』를 펴냈어. 1912년에는 아사미라는 일본인 고등법원 판사가 『조선서지』를 간략하게 줄여 강연한 것을 조선총독부가 얇은 책으로 펴내기도 했지. 우리나라에서도 1931년에 『조선 활자 인쇄 자료 전관 목록』에서 직지를 중요한 자료라고 썼어. 그러나 세상 사람들은 직지에 관심을 두지 않았어.

이렇게 여러 번의 기회에도 알려지지 않았던 보물이 박병선 박사의 땀 덕분에 세계의 책 전시장에 전시가 되고, 세상에 그 가치를 빛낸 거야.

직지를 금속 활자로 찍었다는 증거

❶ 직지는 가로줄, 세로줄이 맞지 않고 삐뚤삐뚤한 데가 많아. 목판 인쇄는 글씨 쓴 종이를 붙여서 새기기 때문에 가로세로가 반듯하거든.

❷ 직지는 글자가 반듯하지 않고 비스듬하게 기울어진 글자가 여럿이야. 글자를 한 자씩 옮겨 판을 만들 때 비뚤어진 거지.

❸ 직지에는 위아래가 뒤집힌 글자가 있어. 활자를 거꾸로 잘못 놓아 그리 된 거야. 목판에서는 생기지 않는 일이야.

❹ 완전히 포개지는 똑같은 글자가 여럿 있어. 같은 글자를 다른 쪽에서도 사용했다는 증거야. 목판을 만드느라 쓴 글씨는 아무리 한 사람이 써도 완전히 똑같지는 않아.

❺ 먹이 짙은 데도 있고 흐린 데도 있어. 활자는 글자 겉면이 울퉁불퉁하여 먹이 진하기도 하고 흐리기도 하지. 목판은 보통 겉면이 반듯하기 때문에 먹의 진하기가 많이 차이 나지 않아.

❻ 글자에 나뭇결이나 칼로 새긴 자국이 없어. 목판은 칼로 새긴 흔적이 보이기도 해.

❼ 글자 획에 작은 공기방울 흔적이 있어. 금속 활자를 만들 때 들어간 공기 때문에 생기는 거야.

❽ 금속 활자는 오래 쓰면 닳아서 끝이 동글동글해지는데, 목판 인쇄나 나무 활자는 오래 쓰면 나뭇결대로 떨어져 나가 인쇄되지 않는 하얀 선이 생겨.

앞의 5가지 특징은 판 전체로 새기지 않고 활자로 새긴 글자의 특징이야. 그리고 뒤의 3가지는 금속 활자에만 있는 특징이야.

❋ 살아 있는 금속 활자 만들기

살아 있는 금속 활자를 만들려면 우선 본이 되는 글자를 골라. 밀랍(꿀벌이 벌집을 만드는 끈끈한 물질)을 녹여서 길쭉한 판을 만들고, 그 위에 미리 써 놓은 글자본을 뒤집어서 붙여. 그래야 찍을 때 바로 되거든.

그다음 한 자 한 자 잘라서 글자를 도드라지게 새겨. 밀랍에 글자를 새기는 것은 목판에 새기는 것보다 훨씬 쉬워. 밀랍은 부드럽거든. 이때 글자에 가지를 붙여 줘야 해. 가지는 길쭉한 봉이야. 밀랍이 녹아서 흘러나오고, 그 빈 공간으로 쇳물이 흘러 들어가도록 길을 내는 거지.

글자를 새긴 밀랍을 가지에 붙인 뒤에 한 자 한 자 떼어 놓고 진흙으로 감싸. 흙은 글자를 잘 감쌀 수 있도록 물기가 많아야 해. 이때 공기가 들어가지 않도록 꼭꼭 눌러.
　흙이 마르면 불에 쬐어. 그러면 글자와 글자에 붙은 가지의 밀랍이 녹아 구멍이 생겨.
　이제 흙으로 만든 틀만 남아. 밀랍이 녹아 생긴 구멍으로 녹인 쇳물을 부어. 쇳물이 굳으면 흙을 망치로 부숴. 그러면 오롯이 쇠만 남게 돼.
　끝으로 활자에 붙은 쇠 가지를 잘라 내고 쇠줄이나 사포로 갈아 내 정리하면 돼.

여기까지가 금속 활자를 만드는 법이야. 이런 작업은 금속을 잘 다룰 줄 알아야 할 수 있는 일이야. 우리 민족은 삼국 시대부터 금속을 많이 다루었잖아.

금속 활자를 만들었다고 끝난 건 아니야. 찍어 내는 것도 활자를 만드는 것처럼 기술이 필요해. 먹과 종이가 아주 중요하거든. 우리나라는 먹과 종이를 만드는 기술도 세계 최고였어.

금속 활자를 찍으려면 특별한 먹이 필요해. 나무판을 찍을 때는 소나무를 태워 만든 송연먹을 써. 송연먹은 수성 펜에 들어 있는 수성 잉크와 같아. 하지만 금속 활자에는 송연먹을 쓸 수 없어. 먹이 다 흘러내려서 찍을 수 없거든. 금속 활자에는 기름을 태워 만든 유연먹을 써야 해. 유연먹은 유성 펜에 들어 있는 유성 잉크와 같은 거지. 참기름, 비자기름, 오동기름, 갈매기름 같은 식물성 기름을 태워서 나오는 그을음으로 만들어. 우리 조상은 이걸 스스로 터득하고 익힌 거야.

우리나라는 먹뿐만 아니라 질 좋은 종이를 만들어 내기로도 유명했어. 중국은 당나라 때부터 좋은 먹을 달라고 신라한테 아우성을 쳤고, 우리 한지를 얻으려고 늘 보챘어.

활자는 사실 중국에서 처음 만들었어. 11세기에 북송의 필승이라는 사람이 흙으로 활자를 만들었지. 하지만 흙으로 만든 교니 활자는 쉬 깨져서 쓸 수가 없었어. 중국은 활자 만드는 방법을 우리보다 먼저 알아냈지만, 쇠를 다루는 기술이 부족하거나 먹과 종이를 만들어 내는 기술이 우리나라를 따라오지 못했던 거야.

박병선 박사는 책의 해 전시가 끝나자 『직지』의 내용 전체를 사진으로 촬영하여 우리나라에 소개했어. 그 뒤로 우리나라에는 『직지』에 대하여 관심을 가지고 연구하는 사람이 많아졌어. 청주 흥덕사가 있던 터도 찾게 되었지. 그 바로 옆에 고인쇄 박물관도 세웠어.

  고인쇄 박물관이 후원하여 유네스코는 2004년에 '직지상'이라는 상까지 만들었어. 세계 기록 유산을 잘 보살핀 사람이나 동아리에게 2년마다 주는 상인데, '직지심체요절'에서 딴 이름이지. 이것은 직지의 가치를 세상이 인정한다는 뜻이야.

  『직지』는 이제 널리 알려졌고, 2008년에는 유네스코가 정한 세계 기록 유산[4]이 됐어. 다른 나라에 가 있는 유산으로 유네스코 세계 기록 유산을 정한 건 『직지』가 처음이야.

  세계 최초의 금속 활자 책을 찍어 낸 과학으로 우리 조상은 수많은 책을 찍어 냈어. 책 중에서도 하늘에 빛나는 별처럼 귀한 책이 있었으니, 그것은 바로 나라의 역사책, 규장각 문서야.

---

4) **세계 기록 유산** : 유네스코(국제 연합 교육 과학 문화 기구)가 1997년부터 2년마다 정하는데, 세계적으로 귀한 기록을 보존하기 위해서야.

직지

책의 크기 : 24.6×17cm

글자 수 : 전체는 39장에 장마다 세로로 11줄이며 줄마다 18~20자

인쇄 종이 : 닥나무로 만든 전통 한지

표지 : 한지를 여러 겹 붙여 두껍게 한 다음 능화판 무늬를 찍고 황백이나 치자 즙으로 노랗게 염색하여 아름다우면서도 썩지 않게 처리

묶음 : 구멍을 다섯 군데 뚫어서 책을 묶어 고정하는 오침안정법

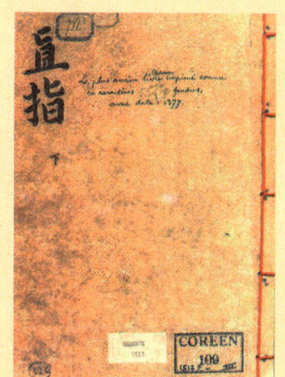

상권은 아직 못 찾았고, 하권은 프랑스 국립 도서관에 있어.

빛나는 별, 외규장각 문서

❈ 아무리 가난해도 책이 없는 집이 없다

　1866년(병인년), 강화도에 프랑스 군함 일곱 대가 들어왔어. 예의를 아는 우리 조상들은 프랑스 군대를 손님으로 여겼어. 뱃길을 잃은 사람이라면 떠날 때까지 보살펴 주는 게 주인의 도리잖아.
　"먼 길 오시느라 얼마나 고생이 많았소? 자, 음식을 내어 줄 테니 양껏들 들고 돌아가시오."
　그런데 프랑스 군대는 돌아갈 생각을 하지 않았어. 뱃길을 잃은 것 같지도 않았고, 관아도 함부로 차지했어.
　"귀하게 대접했건만 물러가질 않으니 우리도 가만있을 수 없지."
　우리 군은 프랑스 군을 완전히 포위했어. 팔을 휘젓고 다니던 프랑스 군은 드디어 상황을 알아차렸어.
　"어이쿠, 잘못하면 다 죽게 생겼숑. 지금이라도 물러가야겠숑."
　프랑스 군대의 우두머리 로즈 제독은 프랑스 해군에 편지를 보냈어.
　'강화는 가난한 섬이라 장관님께 보내 드릴 만한 선물이 없습니다. 다만 조선 국왕이 가끔 머무는 큰 집 옆에 도서관이 딸려 있습니다. 도서관에는 아주 중요한 책들이 가득 차 있습니다. 귀하게 보이는 것들이니 공들여 포장해 보내겠습니다. 틀림없이 프랑스 국립 도서관에 보낼 만큼 유익하다고 판단하실 겁니다. 또 우리가 머물고 있는 관아는 아주 우아한데, 수많은 무기 창고에 둘러싸여 있습니다. 해안에는 작은 배도 200여 척 있습니다. 우리는 이걸 모두 불태워 버리겠습니다.'
　프랑스 군대가 그대로 물러나면 싸움에 진 게 너무 표가 나니까 우리 쪽 피해를 크게 만들려는 거였어.

이때 가져간 우리 보물이 어마어마하게 많아. 은 덩어리 19상자, 큰 책 300권, 작은 책 40권, 한국, 중국, 일본이 그려진 지도 1개, 평면 천체도(천상열차분야지도) 1개, 여러 가지가 적혀 있는 족자 7개, 한문이 적혀 있는 회색 대리석판 3개, 흰 대리석판을 담고 있는 구리 경첩이 박힌 상자 3개, 투구가 붙어 있는 갑옷 3벌, 가면 1개를 가져갔지.
　불태운 것도 엄청나게 많아. 수많은 대포와 화약 상자, 쇠와 구리로 만든 투구, 장식이 특이한 갑옷, 칼, 화살, 화살통에, 온갖 종류의 무기와 군대 물건이 가득 차 있는 창고가 여럿이었으며, 만 자루가 넘는 소총을 태웠어.

더 중요한 것은 우리나라에서 가장 중요한 도서관, 외규장각을 불태운 거야. 외규장각은 규장각(조선 후기의 왕실 학문 연구 기관이자 왕실 도서관)의 부속 도서관으로 1782년(정조 6년)에 강화도에 설치했어. 귀하디 귀한 나라의 책들을 영원히 보존하려고 세운 건물이었어. 그때 외규장각에 있던 책은 1,007종류, 5,067권이나 되었다고 해. 책 말고도 옥인[1], 금보[2], 어제[3], 어필[4] 같은 보물도 99점이나 있었지.

우리 조상들은 왜 강화도에 이런 보물을 가져다 놓았을까?
그동안 강화도는 가장 안전한 곳이었거든. 나라가 위험에 빠질 때는 왕

---

1) **옥인** : 옥으로 만든 도장
2) **금보** : 죽은 임금이나 왕비에게 존경의 뜻으로 특별한 이름을 지어 새기는 도장
3) **어제** : 임금이 몸소 짓거나 만든 글이나 물건
4) **어필** : 임금이 손수 쓴 글씨

이 강화도에서 몸을 피할 정도로. 고려 때 몽골이 쳐들어왔을 때도, 조선 때 왜군과 청이 쳐들어왔을 때도 그랬지. 게다가 강화도는 주변 바닷물이 얕아서 큰 배가 들어가기도 어려웠어. 그런데 세월이 흘러 프랑스 군함이 들어갈 때는 아무런 어려움이 없었어. 바닷물이 높아졌던 거야.

　프랑스 군대는 외규장각을 다 태우고, 또 잔뜩 뺏어 가면서도 자존심이 상했다나 봐. 강화도에 왔던 어느 프랑스 해군 장교가 쓴 책에 이런 글이 있어.

　이곳에는 감탄할 수밖에 없는 것이 있다. 동시에 자존심을 상하게 하는 것이 있다. 아무리 가난한 집이어도 어디든지 책이 있다는 것이다. 글을 읽지 못하는 사람은 거의 없다. 글을 읽을 수 없는 사람은 다른 사람들이 얕잡아본다.

　프랑스 군은 우리나라가 문화대국이라는 걸 깨닫고 자존심이 상했지만, 또한 감탄할 수밖에 없었던 거야.
　그런데 이들이 훔쳐 간 귀한 조선 책들은 어떻게 되있을까?

❋ 먼지를 뒤집어쓰고

모리스 쿠랑은 우리나라 책에 대하여 쓴 『조선서지』에서 이렇게 밝혔어.

내가 정리한 조선의 책들은 2년 동안 조선에 머물면서 열심히 조사한 책이다. 휴가 때는 유럽에 머물면서 조선 책이 많이 있는 곳을 찾아다녔다. 파리에서는 로즈 제독이 가져온 책을 보러 프랑스 국립 도서관에 갔다.

바로 그 프랑스 국립 도서관에 박병선 박사가 있었어. 박사는 『직지』를 발견한 뒤에도 다른 자료를 찾느라 계속 땀을 흘렸지.
"프랑스 군대가 강화도 외규장각에서 훔쳐 간 것들이 분명 여기에 있다고 했는데 어디에서도 나오지를 않으니."

그러던 어느 날 평소에 알고 지내던 도서관 동료 직원이 다가왔어.

"당신이 그토록 열심히 찾는 책, 제가 찾은 것 같아요."

"어디 있어요, 그 책들?"

"지금 제가 베르사유 분원에서 일하고 있는데요, 거기 파손 창고에 이상한 책이 무더기로 있던데요."

프랑스 국립 도서관 리슐리외 관은 파리 2구에 있어서 베르사유까지는 꽤 멀었어. 그런데 박사는 한숨에 달려갔지.

파손 창고에는 박사가 그렇게 찾던 책이 먼지를 뒤집어쓰고 있었어. 겉장이 찢겨 나간 것도 있었고, 너덜너덜한 것도 있었어. 어떤 것은 찢어졌고, 어떤 것은 물에 젖어 있었어. 본문의 순서가 뒤바뀐 것도 있었고, 표지가 비단이 아니라 면으로 싸인 것도 있었어. 하지만 손상되지 않은 쪽은 너무나 깨끗했어. 종이는 하얗고, 그림은 색깔마다 선명했어. 그런데 이들 책이 모두 중국 것으로 표시돼 있는 거야.

"오, 이런! 지하 창고에 처박혀 있는 것도 모자라 나라 이름도 찾지 못

했구나!"

박병선 박사는 곧 도서관 쪽에 보고를 했어.

"이들 책은 너무나 중요한 것입니다. 그리고 중국 것이 아니라 한국의 것입니다."

박병선 박사의 노력 덕분에 외규장각 책들은 파손 창고에서 나와 1978년에는 서고로 옮겨졌어.

박사는 이 사실을 프랑스에 있는 한국 대사관에 알렸어. 그런데 대사관에서 시큰둥하게 나오는 거야. 오히려 그런 문제를 꺼내면 한국과 프랑스 관계가 나빠질 수 있다며 나무라는 분위기였지. 박사는 실망스러웠어.

'이해할 수 없군. 내 집의 보물이 남의 집 곳간에 있다는데 그게 뭔지 궁금하지도 않나?'

박사는 혼자서 자료를 정리하고 책을 썼어. 나라 힘을 받을 수 없다고 해서 그 귀한 자료를 묻어 둘 수는 없었지.

"프랑스 사람들에게 알려야겠어. 이 자료가 무언지, 왜 프랑스에 와 있는지."

응원해 주는 사람이 아무도 없었지만, 한국 사람으로서 반드시 해야 하는 일이었지. 박사는 드디어 원고를 다 마쳤어. 그런데 또 어려움이 닥쳤어. 박사의 원고를 책으로 내겠다는 출판사가 한 군데도 없는 거야. 팔릴 것 같지 않다나?

그래도 박사는 주저앉지 않았어. 우리나라 청와대에 또박또박 편지를 썼지.

'프랑스 국립 도서관에 있는 외규장각 자료 중 의궤에 대하여 연구 조사를 했습니다. 책으로 낼 수 있도록 도와주시겠습니까?'

청와대에서는 편지 내용을 확인하고 서울 대학교 도서관으로 편지를 전했어. 창덕궁에 있던 규장각 자료를 서울 대학교 도서관으로 옮겨 관리하고 있었거든.

규장각 도서 관리 실장은 편지를 다 읽기도 전에 마음을 굳혔어.

'이 일은 우리가 반드시 도와야 하는 일이야. 우리가 돕지 않으면 누가 돕겠어? 예산은 비록 넉넉하지 않지만 꼭 도와야 해.'

규장각 도서 관리 실장은 국사학과 학생들을 가르치는 이태진 교수였어. 그 일이 얼마나 중요한 일인지 바로 알았던 거야. 덕분에 박병선 박사의 책은 세상에 나올 수 있었어[5].

프랑스에 우리 보물이 있다는 걸 알았으니 이제는 되돌려 받을 수 있는 방법을 고민하는 게 순서야.

---

5) 『조선조의 의궤』라는 책이야. 한글과 프랑스 말을 같이 실었어. 이 책이 프랑스 국립 도서관에 있는 외규장각 도서를 처음으로 연구한 책이야.

이태진 교수는 여기저기에 물어봤어. 국제법 전문가와 동료 교수, 우리 정부에서 일하는 사람들한테 물었더니 다들 고개를 저었어.

"이대로는 어려워요. 프랑스가 불법으로 가져갔다는 증거가 필요합니다. 그래야 돌려달라고 주장할 수 있어요."

"막무가내로 돌려달라고 하는 것은 아무런 이득이 없어요. 우리 문화재를 갖고 있는 다른 나라들도 우리를 피하게 될 거예요. 문화재를 빼앗긴 여러 나라에 영향을 줄 테니까요."

그렇다면 증거를 찾아야지. 규장각에 연구팀이 꾸려졌고, 연구팀은 눈에 불을 켰어. 자료를 샅샅이 살피니 드디어 증거가 나왔어. 로즈 제독이 쓴 편지 말이야. 당시 프랑스 해군성에 보낸 글이어서 공식 문서로 남아 있었던 거야. 외규장각을 태운 일, 우리 책과 여러 보물을 가져간 일이 다 적혀 있었어.

"이만하면 되겠습니까?"

"오, 애쓰셨네요. 이 정도 증거면 충분히 요구할 수 있어요."

1991년에 이태진 교수는 여러 사람과 힘을 합쳐 서울 대학교 이름으로 프랑스에 공식 요청을 했어. 외규장각 자료를 돌려달라고. 물론 그 전에 우리 정부에서 일하는 사람들한테도 돕겠다는 약속을 받았지.

1993년에 프랑스 대통령이 우리나라에 왔어. 우리나라는 프랑스와 고속전철 사업을 함께할지 어쩔지 따져 보는 중이었거든. 프랑스 대통령은 외규장각에서 가져간 의궤 가운데 『휘경원원소도감의궤』 한 권을 돌려주면서 약속했어. 프랑스에 있는 다른 의궤도 돌려주겠다고. 『휘경원원소도감의궤』는 휘경원의 원소(왕가의 묘자리)를 준비한 과정을 기록한 책이야. 휘경원은 정조의 후궁이자 순조의 어머니인 현목수빈을 말해.

그러나 안타깝게도 그 약속은 아직도 지켜지지 않았어. 약속을 지키라고 따지려면 의궤가 무엇인지 알아야 할 거야.

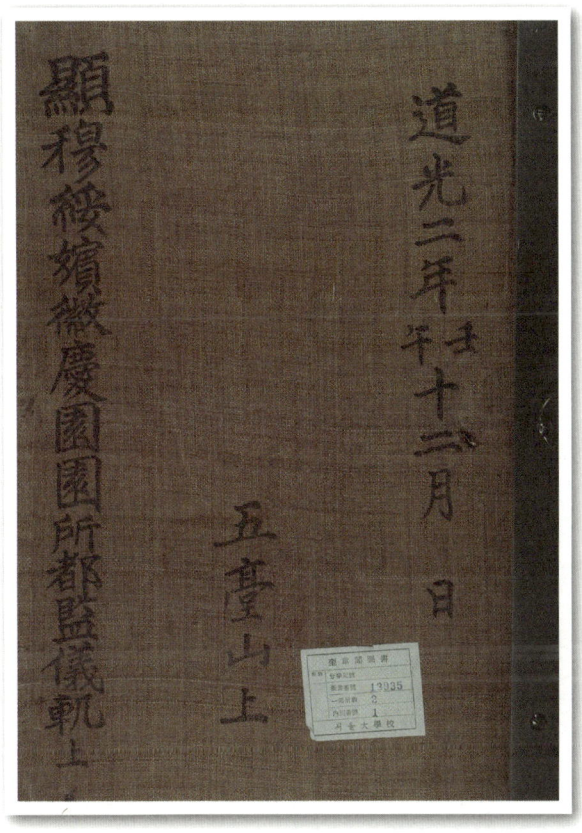

휘경원원소도감의궤 (1823년, 서울 대학교 규장각 한국학 연구원 소장)

❀ 의궤는 곧 역사

'의궤'란 나라에 중요한 의례가 있을 때 그 일의 궤적을 살필 수 있도록 기록한 책이야. 후손들이 올바른 방식으로 예식을 치를 수 있도록 말이야. 예를 들어 왕세자의 결혼식처럼 나라에 큰일이 있으면 그 일의 처음부터 끝까지 모든 것을 기록해. 누가 참여했는지, 누가 무슨 일을 맡았는지, 돈은 얼마를 썼는지, 어떤 도구를 썼는지, 그 도구는 누가 만들었는지.

춤꾼으로 참여한 기생의 이름도 적고, 성을 쌓을 때 벽돌을 나른 노비의 이름, 김돌쇠(金乭金), 김노미(金老味)까지도 다 적었어. 요즘 우리가 사는 물건을 누가 포장했는지까지 표시하는 것처럼 실제 이름을 적는 실명제가 그때도 있었던 거야. 요즘보다 훨씬 더 자세히. 글로 부족한 것은 그림까지 그렸어. 도구의 모습은 물론, 도구를 분해한 모습까지 말이야.

의궤를 만들 정도로 중요한 나라의 일은 보통 이런 것들이야. 왕실에서 결혼식을 하거나, 잔치를 벌이거나, 왕세자와 왕비를 책봉하거나, 나라에 온 손님을 맞거나, 군대에서 무술 시범을 보이거

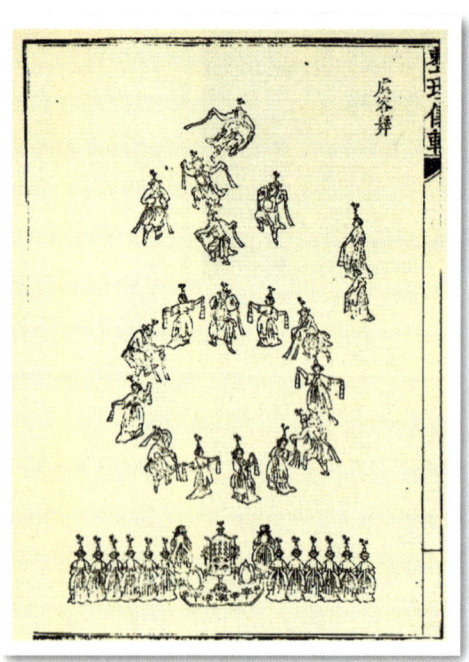

원행을묘정리의궤 (1795년, 조선 정조의 어머니인 혜경궁 홍씨의 회갑연을 기록한 책)

나, 장례식을 치르거나, 성을 쌓는 일이지.

의궤에서 가장 흥미로운 부분은 '반차도'야. 반차도는 참여하는 사람들이 어떤 차례로 움직이는지 순서대로 그린 거야. 명성황후 장례식에는 2,035명이 나오고, 정조가 어머니를 모시고 화성에 행차할 때는 1,779명이 나와. 이 많은 사람들을 그리자면 단순하게 그릴 수밖에 없는데 척 봐도 화가의 붓놀림이 얼마나 능숙한지 알 수 있어. 움직이는 사람의 몸동작이 너무나 자연스럽거든. 이렇게 긴 행렬을 그리자니 한 장면이 수십 장에

『명성황후국장도감의궤』 발인반차도
(1898년, 서울 대학교 규장각 한국학 연구원 소장)

걸쳐 이어져 있어. 벼슬이 있는 사람은 그림 옆에 작은 글씨로 벼슬 이름까지 적어 넣었어. 하나하나 살펴보면 감탄이 절로 나와.

특히 재미있는 것은 여느 그림과는 눈높이가 다른 거야. 화가의 눈이 옆에도 달리고 위에도 달리고 뒤에도 달린 것처럼 그렸어. 카메라로 찍으면 찍는 방향의 모습만 보이는데, 의궤의 그림은 옆모습, 뒷모습, 특히 위에서 본 모습이 한 장면에 동시에 나오는 거야.

또한 그림 색깔이 부드러우면서도 선명해. 돌이나 식물에서 뽑은 자연

물감을 썼거든. 그래서 지금까지도 바라지 않고 생생한 색을 즐길 수 있어. 의궤의 겉장은 비단으로 감싸고 고리를 만들어 장식도 했어.

이렇게 화려하고 고운 빛깔, 수천 명이 나오는 웅장함, 화가의 솜씨를 짐작하게 하는 능숙한 붓놀림, 여러 방향에서 보는 독특한 눈높이 덕분에 자꾸 보아도 지루하지 않아. 수천 명이 나오는 그림인데도 말이야.

우리는 지금도 과거에 있었던 왕의 행차나 왕실의 결혼식을 거의 똑같이 펼쳐 보일 수가 있어. 왕실의 결혼식 기록인 '가례도감의궤'에 다 나오거든. 카메라가 찍을 수 없는 뒷모습은 물론, 하늘에서 본 것처럼 모든 사람의 배치까지 말이야.

수원 화성은 임진왜란과 일제 강점기 때 많이 망가졌는데 다시 원래대로 지어 놓았어. 수원 화성을 지은 과정을 기록한 『화성성역의궤』가 있거든. 그 시대에 이렇게 자세한 설계도는 어떤 나라에도 없었다고 해. 우리는 의궤 덕분에 역사의 한 장면으로 날아갈 수 있어. 마치 타임머신을 탄 것처럼.

프랑스 대통령이 우리나라에 의궤 한 권을 가져왔을 때 사람들은 적잖이 놀랐어. 책이 마치 새 것 같았기 때문이야.

『화성성역의궤』 창용문 외도
(1801년, 서울 대학교 규장각 한국학 연구원 소장)

"우아, 책이 정말 깨끗하네. 이제 막 만들어 낸 책 같아. 어쩜 이리도 보관을 잘했을까?"

"그게 아니거든요. 워낙 질 좋은 종이를 써서 그렇거든요."

"맞아요. 임금님께서 보시는 어람용 의궤는 특별히 좋은 종이를 썼어요. 종이 중에 종이라는 초주지 말이에요. 초주지는 세월이 흘러도 변하지 않는 최고급 종이지요."

의궤는 한 가지를 4권에서 8권까지 만들어. 연관이 있는 기관에도 보내고, 사고[6]에 보관도 하고. 그중에 어람용 의궤는 최고급 한지를 썼기 때문에 시간이 오래 흘러도 막 만든 것처럼 깨끗했어. 보통 의궤는 색칠은 직접 했지만 그림의 윤곽은 판화처럼 새겨서 찍었어. 그런데 어람용은 그림의 윤곽까지 직접 그렸어. 그러니 어람용 의궤가 질이나 가치로 볼 때 당연히 높지.

지금 프랑스 국립 도서관에는 외규장각 도서가 340권 있는데, 그중에 의궤가 191종류, 297권이나 된다고 해. 이중에서 우리나라에는 없고 프랑스에만 있는 유일본도 무려 30종류나 돼. 그런데 프랑스에 있는 의궤는 5권을 빼고는 전부가 어람용이야. 어람용은 임금님이 보시도록 만든 거지. 어람용은 한 권만 만드니까 292권이 유일본이라고 해도 크게 틀린 말은 아니야.

---

[6] 사고는 조선 왕조가 역사 기록물을 보관하기 위해 만든 특별한 곳이야. 처음에는 충주, 성주, 전주 읍내에 만들었는데 임진왜란 때 불탔어. 다만 전주에 있던 책은 불에 탈 것을 염려하여 조선 중기의 문신 안의와 손홍록이 정읍의 내장산에 1년 이상 숨겨서 보존하다가 다시 해주를 거쳐 영변의 묘향산에 숨겼어. 난이 끝나자 이걸 가지고 다시 기록을 만들었고, 깊은 산속에 다시 사고를 만들어 기록을 보관했어. 전국에 있던 다섯 군데 사고는 평안도 영변의 묘향산, 강릉의 오대산, 봉화의 태백산, 무주의 적상산, 강화의 정족산이야.

의궤는 영국의 국립 도서관에도 한 권 있어. 『기사진표리진찬의궤』야. 1809년 순조 임금은 대왕대비인 혜경궁 홍씨를 위해 잔치를 크게 열어 장수를 빌었는데 이 잔치를 기록한 거지. 이 의궤는 병인양요 때 프랑스가 약탈해 간 외규장각 도서 중 하나야. 프랑스의 어느 병사가 빼돌려 프랑스 치즈 가게에 팔아넘긴 것을 영국에서 사 간 거야. 일본 궁내청에도 우리 의궤가 81종류, 167권이나 있었어. 이건 많은 사람들의 노력 끝에 돌려주겠다는 약속을 2010년 11월에 받아 냈어.

우리 조상들은 의궤를 왜 만들었을까?

역사의 달인들은 의궤에 특별한 목적이 있다고 해. 나랏일을 조금이라도 허투루 하는 일이 없도록 경계하는 거지. 기록은 수백, 수천 년 남으니까 기록을 하는 행사라면 행동이나 씀씀이를 함부로 하지 못할 거야.

행차가 있을 때는 행차를 짐작할 수 있도록 반차도를 미리 그렸어. 그리고 행차가 끝나면 실제 행차에 있었던 그대로를 다시 정리하여 의궤 뒷부분에 붙이는 게 보통이었어. 그림을 그리면 사람이 얼마나 필요한지, 돈은 얼마나 드는지 내다볼 수 있잖아. 미리 그린 반차도는 임금에게 보이고 허락을 받아야 일을 진행할 수 있었지.

또한 반차도는 미리 연습해 보는 효과도 있어. 누가 어디에 서서 어떤 역할을 할 건지 마치 예행연습이나 시뮬레이션처럼 알게 되는 거지. 그러면 진짜 행사를 할 때 실수를 덜 하게 될 거야. 일이 제대로 안 되었을 때 책임을 밝히는 데도 도움이 되었겠지. 더욱 중요한 것은 신분이 낮은 사람도 역사를 함께 쓴다는 참여의 기분, 보람 같은 게 생겼을 거야.

또 하나 중요한 목적이 있어. 조선의 왕은 힘이 아주 센 절대 왕권이었어. 그런 왕의 힘을 조절할 무언가가 필요했다는 거야. 그것이 바로 기록인 거지. 『조선왕조실록』[7], 『승정원일기』[8], 의궤가 다 그런 기록인 거야. 자신의 말과 행동이 후손에게 낱낱이 전해진다면 함부로 힘을 휘두르기가 망설여지지 않겠어?

---

7) **조선왕조실록** : 조선 왕조의 시조인 태조로부터 철종까지 25대 472년간(1392~1863)의 역사를 년월일 순서에 따라 적은 책이야. 세계에서 가장 오래되고 방대한 양의 역사책으로 가치가 인정되어 유네스코 세계 기록 유산으로 등재됐어.

8) **승정원일기** : 승정원은 국가의 모든 기밀을 취급하던 국왕의 비서실 같은 곳인데, 나라의 기록과 매일 일어난 사건을 일기처럼 적은 거야. 조선 왕조 최대의 기밀 기록이며 역사 기록으로 가치가 높아. 272년간(1623~1910) 모두 3,243권의 기록이 남아 있어.

 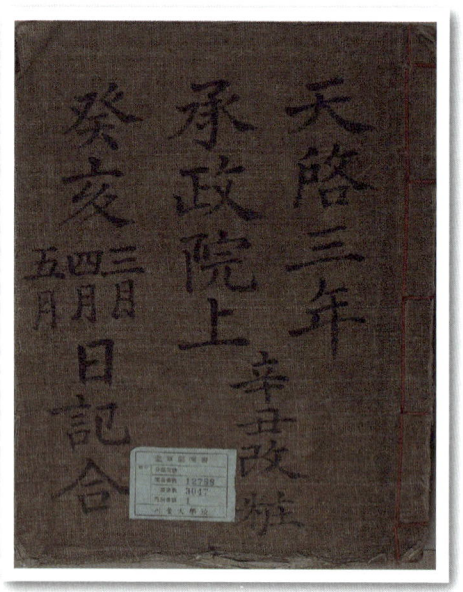

조선왕조실록 (국보 제151호, 서울 대학교 규장각 한국학 연구원 소장)

승정원일기 (국보 제303호, 서울 대학교 규장각 한국학 연구원 소장)

칼로 맞서지 않고 인류가 가진 가장 고상한 문화인 기록으로 왕의 절대적인 힘을 조절하려 했던 우리 선조들은 붓이 칼보다 힘이 세다는 것을 잘 알고 계셨던 거지.

의궤 하나만 보아도 조선의 문화 수준이 얼마나 높았는지 짐작할 수 있어. 세상 어디에서도 찾아볼 수 없는 이렇게 독특하고 수준 높으며 아름답기까지 한 기록, 의궤야말로 세계 역사에서 높이 평가해야 할 빛나는 유산일 거야.

이렇게 귀한 의궤는 어디에 두어 보관했을까?

왕이 돌아가시면 의궤는 몇 권 만들까?

한 권? 아니야. 수십 권을 만들어.

장례식을 치르는 모든 과정을 의궤로 만들어(국장도감의궤).
슬픔을 나누러 오는 조문객들에 관한 의궤는 따로 만들어(빈전도감의궤).
무덤을 마련하고 꾸미는 일도 따로 만들어(산릉도감의궤).
장례식이 끝나면 3년 동안 돌아가신 분을 위로하는 곳을 마련해(혼전도감의궤).
그리고 3년을 마치고 위로하는 곳을 종묘로 바꾸는 과정을 의궤로 만들어(부묘도감의궤).

이렇게 5종류가 됐어. 그런데 의궤는 임금께서도 보셔야 하고, 의정부에서도 봐야 하고, 관련 부서에서도 봐야 하고, 또 여러 사고에도 보관해야 하기 때문에 같은 책을 4권에서 8권까지도 만들어. 내용이 많은 것은 여러 권으로 나누어 묶기도 해. 그러니 한 사건이 있으면 수십 권을 만드는 거야.
실제로 영조 대왕이 돌아가셨을 때는 34권, 정조 대왕이 돌아가셨을 때는 41권의 의궤를 만들었어.

규장각, 모든 답은 책에 있다

프랑스 국립 도서관에 있는 우리 보물 중에는 '천상열차분야지도'가 있어. 고구려 때 하늘을 보고 별자리를 그려 넣은 하늘 지도인데, 조선 시대에 다시 그렸어. 우리나라 하늘 지도인 천상열차분야지도에는 별자리가 28수 있어. 그중에는 규성이라는 빛나는 별이 있지. 사람들은 왕이 쓴 문장을 보고 규장이라고 해. 규성처럼 반짝이는 문장이라는 뜻이야.

규장각을 처음 지은 분은 조선의 숙종 임금이야. 선대의 왕들이 쓰신 문장을 보관하려고 지었지. 이때만 해도 규장각은 도서관이 아니었어. 그 뒤에 정조 대왕께서 창덕궁 후원에 규장각 건물을 여러 채 짓고 수많은 책을 모았지. 사실 규장각은 도서관 이상의 건물이야. 정조 대왕이 백성을 위한 정치를 꿈꾸고 이루신 특별한 곳이야. 또 우리나라 문화를 활짝 꽃피운 곳이지.

당시에는 붕당 정치 때문에 온 나라가 휘청거렸어. 붕당 정치는 조선 시대에 높은 벼슬아치들이 마음 맞는 사람끼리 몰려다니며 자기네 주장만 내세우던 정치 모양이야. 정조 대왕은 붕당 정치로 휘청거리는 나라를

천상열차분야지도 (부산광역시 시립 박물관 소장)

바로 세우려고 했어. 어떻게 하면 그리 될지 정조 대왕은 이미 답을 알고 있었어. 책에는 모든 답이 있고, 정조 대왕은 책을 손에서 떼지 않는 독서 대왕이었으니까.

조선에는 공부를 많이 한 학자들이 왕에게 공부를 가르치는 경연 제도가 있었어. 왕은 평생을 배우며 살아야 했지. 그런데 경연을 열면 정조 대왕을 가르칠 만한 사람이 없었어. 정조 대왕은 경연을 그만두고 그

규장각도 (김홍도 그림, 1776년, 국립 중앙 박물관 소장)

대신 젊은 학자를 키우기로 했어. 바로 왕실 도서관인 규장각에서.

정조 대왕은 일단 과거에 붙은 사람과 이미 벼슬에 올라 있는 사람 중에서 젊고 똑똑한 사람을 뽑았어. 그리고 모든 것을 돌봐 주었어. 다른 신경 안 쓰고 공부만 할 수 있게 말이지. 벼슬이 있는 선비에게는 휴가를 주어 공부할 시간을 마련해 줬어. 과거만 붙었을 뿐 아직 벼슬자리를 못 얻은 선비한테는 벼슬과 휴가를 동시에 주었어. 밥벌이를 하면서도 공부를 할 수 있도록 한 거야.

그 대신 이들은 수많은 시험을 봐야 했어. 한 달에 두 번은 말로 읊는 시험, 한 번은 글로 쓰는 시험을 보고, 정조 대왕이 직접 내는 시험까지도 봐야 했어. 공부를 안 하고는 못 배기게 만든 거야.

정조 대왕은 규장각에서 20년 동안 백 명이 넘는 젊은 인재를 키워 냈

어. 이들은 정조가 백성을 위한 나라를 만들 수 있도록 꼭 필요한 곳에서 일했어. 수원 화성을 쌓을 때 거중기를 연구한 정약용도 규장각에서 공부한 젊은이야.

정조 대왕의 생각은 그대로 들어맞았어. 모든 답은 책에 있다는 굳은 생각 말이야. 이렇게 실력으로 사람을 뽑아 쓰니 붕당이 설 자리가 없었지.

정조 대왕은 책을 사랑하여 나라의 귀중한 책을 영원히 보관하고자 했어. 그래서 규장각 말고도 안전하기로 소문난 강화도에 왕실 도서관을 또 지었던 거야(1782년). 강화도 도서관은 한성 밖에 있으니까 외규장각이라 불렀어. 창덕궁 규장각에 있는 책 중에서 중요한 것은 강화도 외규장각으로 옮겼어. 외규장각에는 의궤 667권을 포함하여 모두 5,067권의 중요한

책이 있었어. 정말 세상 어느 나라도 따르지 못할 기록 왕국이라고 할 수 있어.

　기록 왕국의 도서관, 그 귀한 유산은 사라졌어. 하지만 잃어버렸거나 빼앗긴 우리 문화재는 꼭 찾았으면 해.

 **기록 왕국, 조선**

『조선왕조실록』과 『승정원일기』는 세계에서 가장 오래되고, 가장 분량이 많으며, 역사 기록의 정확성이 높이 평가되어 세계 기록 유산이 됐어. 의궤는 아름다운 그림이 들어간 독특한 형식의 역사책으로 세계 기록 유산이 됐어. 수많은 기록은 출판 기술이 고도로 발달했기 때문에 가능했어. 조선 시대에 만들어진 활자는 세종, 영조, 정조 때만 합쳐도 20여 종이 넘어. 한 서체에 활자를 수만 개씩 만들었으니 다 합하면 어마어마한 양이야.

잃어버린 것을 되찾으려면

해외에 있는 우리 문화재가 상상처럼 돌아올 수 있을까? 어떤 이들은 아니라고 말해. 돈을 받고 팔았거나 선물로 준 경우에는 그게 맞기도 해.

그런데 조선 후기의 화가였던 겸재 정선의 그림 이야기를 들어 봐. 독일의 어느 선교사가 우리나라에서 화첩을 선물로 받았어. 겸재의 그림 21점을 묶은 화첩이었지. 선교사는 이 화첩을 독일의 수도원에 기증했어.

세월이 한참 흐른 뒤에 우리나라 신부님이 그 수도원에 가게 되었어. 신부님은 수도원에 전시된 겸재의 그림을 알아보고 고민에 빠졌어. 어떻게 하면 겸재의 귀한 그림을 잘 보존할 수 있을까? 수도원에 함께 머물던 독일 친구한테 고민을 털어놓기도 했어. 나중에 신부님의 친구가 수도원의 원장이 되었지. 신부님은 때를 기다려 수도원장이 된 친구에게 제안했어.

"뜻깊은 해를 기념하여 겸재의 그림을 돌려받는 것보다 더 뜻깊은 일은 없을 겁니다."

마침 독일 수도원이 한국에 선교를 시작한 지 백 년이 되는 해였거든.

당시 수도원에는 여러 유혹이 있었어. 미국의 한 미술 학자는 겸재의 그림을 보고 '숨 막힐 듯한 걸작'이라며 논문을 발표했어. 경매 회사에서는 겸재의 그림을 팔자고 부추겼어. 50억 원도 더 받을 수 있다고. 그러나 수도원장은 말했어.

"한국 사람에게 중요한 문화재를 돈으로 거래하는 건 옳지 않습니다."

수도원 신부 12명으로 이루어진 위원회에서는 만장일치로 결정했어. 그림을 우리나라에 돌려주기로. 겸재 화첩은 2006년에 영원히 빌려주겠다는 '영구 임대' 형식으로 우리나라에 돌아왔어. 우리는 독일의 오틸리엔 수도원 예레미야스 슈뢰더 신부님과 우리나라 선지훈 신부님을 기억해야 할 거야.

한 가지 더, 오대산 사고에 보관하던 『조선왕조실록』 47권 얘기도 들어 봐. 일제가 강점기 때 뺏어 간 실록이야. 조선 총독을 맡았던 데라우치가 오대산 사고에 있던 우리 역사책을 불법으로 가져간 거지. 당시 오대산 사고에는 실록 761권, 의궤 380권을 포함하여 모두 3,610권의 책이 있었어. 짐으로 꾸리니 무려 150꾸러미나 되는데 이걸 모두 가져간 거야.

이 자료는 도쿄 대학에 기증된 걸로 알려졌어. 그런데 1923년 일본 간토 지방에 어마어마한 지진(관동대지진이라고도 해.)이 일어났어. 간토는 도쿄 대학이 있는 곳이야. 이 지진으로 우리 책이 불길에 휩싸이고 말았어.

　혜문 스님은 잃어버린 우리 문화재를 찾아다니다가 우리 실록이 도쿄 대학 도서관에 있다는 사실을 알아냈어. 도쿄 대학 도서관에 직접 가 보니 정말 실록 47권이 남아 있는 거야. 대지진 때 불길 속에서 살아남은 게 있었던 거야. 마침 지진 전에 대출되어 온전한 게 74권이었는데, 그중 27권은 1932년에 우리 품으로 돌아왔고, 나머지 47권이 남아 있던 거지.

　"이걸 돌려받기 위해서는 불법으로 뺏어 갔다는 증거가 필요해."

　스님은 열심히 자료를 찾았어. 증거는 바로 나왔어. 데라우치가 가져갔다는 사실이 우리나라 월정사 성보 박물관에 보관 중인 『오대산 사적』에 이렇게 적혀 있는 거야.

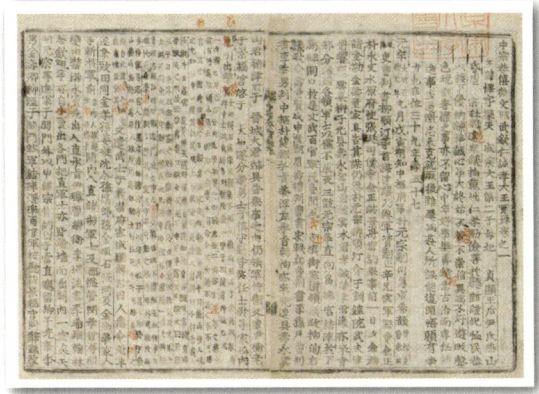

『조선왕조실록』 오대산 사고본
(중종대왕실록, 서울 대학교 규장각 한국학 연구원 소장)

총독부 관원 및 평창군 서무 주임 히쿠치, 그리고 고용원 조병선 등이 와서 월정사에 머무르며 사고와 선원보각에 있던 사책 150짐을 강릉군 주문진으로 운반하여 일본 도쿄 대학으로 직행시켰다.

일본에도 기록이 있었어. 1914년 도쿄 대학 역사학과 교수들이 만든 『사학잡지』에 실록을 도쿄 대학으로 가져간 일을 밝혀 두었던 거야.

이런 증거를 찾았는데도 우리 것을 찾으려는 노력에 어떤 사람들은 고개를 저었어. 한낱 스님이 일본의 거대한 대학에 맞서 무얼 할 수 있겠냐고. 계란으로 바위 치기라고 했어. 그러나 불법으로 가져간 증거를 내밀며 돌려달라는 데는 제 아무리 국립 도쿄 대학이라도 어쩔 수가 없는 거지. 마침내 2006년 7월 17일, 『조선왕조실록』 오대산 사고본 47권[9]이 비행기를 타고 우리 품으로 돌아왔어. 우리 땅을 떠난 지 무려 93년만이었지.

---

9) 오대산 사고본 47권은 『성종대왕실록』 9권, 『중종대왕실록』 30권, 『선조대왕실록』 8권이야.

혜문 스님을 포함하여 여러 사람들이 노력한 결과 일본 궁내청에 있는 것으로 알려진 의궤도 돌아올 예정이야. 81종류, 167권의 의궤를 포함하여 150종류, 1,205권의 책을 일본이 돌려주겠다고 약속했거든. 우리가 아무 노력도 하지 않았다면 과연 이런 약속을 받아 낼 수 있었을까?

아프리카의 에티오피아의 경우, 1937년에 로마 군대가 빼앗아 간 오벨리스크를 2005년에 돌려받았어. 무려 68년이라는 오랜 세월이 걸렸지. 에티오피아 정부, 유네스코 세계유산위원회, 지역 사회 주민, 역사학자, 종교계 사람 들 모두가 힘을 합쳐서 이루어 낸 거야.

문화재를 돌려받는 과정이 더 어려운 경우도 있어. 1991년, 우리는 외규장각 자료와 문서를 돌려달라고 프랑스에 정식으로 요청했어. 뺏어 갔다는 분명한 증거가 있기 때문에 우리 품에 돌아오는 건 어려워 보이지 않았어. 1993년 우리나라에 온 프랑스 대통령까지 돌려주겠다고 약속했으니까. 그런데 일이 어긋나기 시작했어. 프랑스 사람들이 삐딱하게 나오는 거야.

"그냥 드릴 수는 없고, 빌려드릴게요. 대신 우리한테도 그와 비슷한 가치가 있는 것을 빌려주세요. 서로 맞바꾸는 거지요."

국립 도서관 사람들과 프랑스 문화부 사람들은 프랑스 대통령이 혼자 한 약속이라며 그냥 돌려줄 수는 없다는 거야. 이 소식을 듣고 우리나라에서도 반대하는 목소리가 높아졌어.

"맞바꾸는 것은 말이 안 됩니다. 그러면 우리 의궤가 프랑스 것이라는 걸 인정하는 게 됩니다."

여기서 얘기가 더 나가지 못했어. 프랑스 사람들은 아마 두려웠는지도 몰라. 하나씩 돌려주다 보면 프랑스 도서관이나 박물관이 텅 빌지도 모르거든. 세계 여러 나라에서 뺏어 간 게 한둘이어야지.

우리 정부 사람들은 다시 프랑스로 갔어. 우리나라에는 없고 프랑스에는 있는 유일본을 디지털 자료로 만들었어. 그래서 문화재청 국가 기록 유산으로 공개하여 누구나 열어 볼 수 있게 만들었어.

2010년 11월에 우리나라에 온 또 다른 프랑스 대통령이 또 약속을 했어. 이번에는 꼭 우리 외규장각 도서를 돌려주겠다고. 아직도 프랑스에는 이에 반대하는 사람들이 있어. 하지만 우리 문화재를 우리나라에 돌려줘야 한다고 소리 높이는 프랑스 사람들까지 생겼어. 그리고 드디어 2011년 5월 외규장각 도서 297권이 모두 돌아오게 되었어. 하지만 5년마다 기간을 연장하여 빌려주는 형식이라 아직도 완전히 찾았다고 말하기는 어려워.

끝까지 해 보지도 않고, 어렵다고 중간에 포기하는 건 참으로 어리석어. 뜻이 있고, 땀이 있고, 때를 살피는 지혜가 있다면 우리 것을 찾아오는 게 꼭 불가능한 일은 아니야. 선지훈 신부님이나 혜문 스님이나 에티오피아의 경우에서 보았잖아.

우리 문화재에 대한 관심이 많을수록, 많이 알수록 세계 곳곳에 흩어진 우리 보물은 우리 곁으로 더 빨리 돌아올 거야. 관심은 힘을 만드니까. 힘을 모으면 뜻은 더 커지고, 땀도 더 많아지고, 지혜도 더 커지잖아. 그러면 어떤 어려운 상황에도 슬기롭게 맞설 방법을 찾아낼 수 있잖아.

우리가 문화재를 배우고, 가르치고, 문화재 사랑을 실천하고, 우리 문화재를 찾으려고 노력하는 것은 마땅한 일이야. 우리 문화재에는 우리 혼이 깃들어 있으니까. 다시는 우리 품에서 떠나보내지 말아야 하니까.

나라 밖에 있는 우리 문화재는 얼마나 되나?

어느 나라에	얼마나(점)	어디에
스위스	17	스위스 민속학 박물관 등
이탈리아	17	국립 동양 예술 박물관 등
네덜란드	42	국립 라이덴 박물관 등
스웨덴	50	동아시아 박물관 등
호주	55	뉴사우스웨일즈 박물관 등
벨기에	56	왕립 미술 역사 박물관 등
헝가리	203	호프훼렌츠 동아시아 박물관 등
바티칸	298	바티칸 민족 박물관 등
오스트리아	741	비엔나 민속 박물관 등
카자흐스탄	1,024	국립 도서관 등
덴마크	1,278	덴마크 국립 박물관 등
캐나다	1,946	로얄 온타리오 박물관 등
대만	2,850	국립 고궁 박물원 등
프랑스	2,093	기메 박물관 등
러시아	2,693	동양 예술 박물관 등
독일	2,260	함부르크 민속 박물관 등
영국	3,628	영국 박물관 등
중국	7,939	요령성 박물관 등
미국	28,297	스미소니언 프리어 갤러리 등
일본	61,409	도쿄 국립 박물관 등
계(20개국)	116,896	

나라 밖에 있던 우리 문화재는 얼마나 되돌아왔나?

어느 나라에서	얼마나(점)	어떻게(점)				
		기증	나라끼리 협상	돈 주고 사옴	영구적으로 빌려 줌	오랫동안 빌려 줌
일본	5,108	3,139	1,728	241		
미국	1,295	1,146	1	147		1
스페인	892	892				
독일	678	657			21	
뉴질랜드	186	2		184		
이탈리아	59			59		
캐나다	20	20				
프랑스	4	3			1	
호주	1	1				
노르웨이	1	1				
합계	8,244	5,861	1,729	631	22	1

(문화재청 주요 업무 통계 자료집(2010.12.31) 참고)

참고한 자료

몽유도원도

국립 중앙 박물관 한국 박물관 개관 100주년 기념 특별전, 2009

국사편찬위원회 http://www.history.go.kr

『몽유도원도 권축에 관한 연구』최윤선, 단국 대학교 대학원 석사 학위 논문, 1999

『수양대군과 한명회』이준범, 민예사, 1994

『안견과 몽유도원도』안휘준, 사회평론, 2009

『안견과 몽유도원도』안휘준, 이병한, 예경, 1993

『안견 몽유도원도에 내재된 현실과 이상 세계에 관한 연구』박동희, 홍익 대학교 대학원 석사 학위 논문, 2008

『안견의 몽유도원도 연구』이우진, 동아 대학교 대학원 석사 학위 논문, 2003

『안견 화풍에 관한 연구』정선일, 동국 대학교 대학원 석사 학위 논문, 2000

『안견 화풍의 회화적 특성에 관한 연구』여희정, 동아 대학교 교육 대학원 석사 학위 논문, 2006

『조선 초기 안견 파 화풍에 보이는 이곽 파 화풍의 수용과 전개』황명아, 동국 대학교 대학원 석사 학위 논문, 2002

『조선 초기 회화 연구』추영대, 대구 대학교 석사 학위 논문, 2008

『한국의 미술가』안휘준, 사회평론, 2006

한국학중앙연구원 http://www.aks.ac.kr

수월관음도

『경신사 소장본·서구방 필 고려 수월관음도의 연구』한유경, 동국 대학교 대학원 석사 논문, 2006

『고려 불화에 사용된 안료와 그 기법에 대한 문헌적 고찰(Ⅰ)』이태승, 조형논총 제2호, 1997. 12

『고려 불화에 사용된 안료와 그 기법에 대한 문헌적 고찰(Ⅱ)』이태승, 용인 대학교 논문

집 제15집, 1998

『고려 수월관음도의 도상과 신앙 연구』황금순, 홍익 대학교 대학원 석사 학위 논문, 2001

『고려 수월관음도 임모 연구』조희영, 한성 대학교 예술 대학원 석사 학위 논문, 2007

『고려 시대 수월관음도의 베일에 나타난 문양 연구』정현주, 경성 대학교 대학원 석사 학위 논문, 1990

『고려 시대의 불화-도판 편』정우택, 시공사, 1996

『고려 시대의 불화-해설 편』정우택, 시공사, 1996

『고려 후기 탱화에 관한 연구, 수월관음도를 중심으로』임봉우, 조선 대학교 대학원 석사 학위 논문, 1995

『문화재 보존 수복에서 전통 접착제의 특성과 효과에 관한 연구 : 민어부레풀을 중심으로』임동식, 원광대 동양학 대학원 석사 학위 논문, 2008

문화재청 http://www.cha.go.kr

『우리 그림의 색과 칠』정종미, 학고재, 2001

『일본 속의 한화』이동주, 서문당, 1974

『일본에 남은 한국 미술』존 카터 코벨, 김유경 역, 글을읽다, 2008

『한국 미술의 미』안휘준, 이광표, 효형출판, 2008

『한국 불교 미술 박물관 소장 〈의겸필수월관음도〉의 재료 및 기법에 관한 연구』임필효, 원광 대학교 동양학 대학원 석사 학위 논문, 2007

『한국의 미술과 문화』안휘준, 시공사, 2000

외규장각

『규장각 : 그 역사와 문화의 재발견』김문식 외 4인, 서울대학교출판문화원, 2009

『규장각 : 문화 정치의 산실』한영우, 지식산업사, 2008

국가기록유산 http://www.memorykorea.go.kr

서울 대학교 규장각 한국학 연구원 http://e-kyujanggak.snu.ac.kr

『외규장각 도서를 찾아서 : 왕조의 유산』이태진, 지식산업사, 1994

『외규장각 도서, 무엇이 문제인가?』서울 대학교 규장각, 서울 대학교 규장각, 1999

『외규장각 도서 반환 협상에 관한 연구』 강원준, 서울 대학교 석사 학위 논문, 2002
『외규장각 의궤 조사 연구』 김문식 외 4인, 외교통상부, 2003
『의궤 : 조선 왕실 기록문화의 꽃』 김문식, 신병주, 돌베개, 2005
『조선왕조 의궤』 한영우, 일지사, 2005

직지

『고려 시대 기록 문화』 남권희, 청주 고인쇄 박물관, 2002
『고려 시대 직지 활자 주조법의 실험적 연구』 황정하, 중앙 대학교 박사 학위 논문, 2008
『금속 활자와 인쇄술』 손보기, 세종 대왕기념사업회, 2000
『금속활자장』 박문열, 화산문화기획, 2001
『백운화상초록불조직지심체요절 상권 복원 연구 결과 보고서』 오국진 복원, 청주시, 2001
『병인년, 프랑스가 조선을 침노하다』 박병선, 태학사, 2008
『불조직지심체요절』 백운선사, 박문열 옮김, 범우사, 1997
『우리 문화의 우수성에 대한 사례 연구』 박경희, 부산 대학교 석사 학위 논문, 2005
『잃어버린 직지를 찾아서』 이세열, 이담북스, 2009
『직지와 금속 활자의 발자취』 청주 고인쇄 박물관, 도서출판직지, 2002
청주 고인쇄 박물관 http://www.jikjiworld.net
『한국 고활자 특별전』 청주 고인쇄 박물관, 도서출판직지, 2002
『한국 금속 활자본』 천혜봉, 범우사, 1998
『한국서지』 모리스 꾸랑, 이희재 역, 일조각, 1994
『한국의 인쇄』 박병선, 청주 고인쇄 박물관, 2002
『한국 초기 금속 활자의 주조, 조판, 인쇄 기술에 대한 실험적 연구』 조형진, 중앙 대학교 박사 학위 논문, 1995